서른다섯, 발칙하게!

서른다섯, 발칙하게!

초판 1쇄 인쇄 · 2017년 11월 22일
초판 1쇄 발행 · 2017년 11월 25일

지은이 · 김서하
발행인 · 황정필
발행처 · 실크로드
디자인 · 이종헌

주　소 · 경기도 파주시 청석로 300
전　화 · (031)955-6333
팩　스 · (031)955-6335

등록번호 · 제2010-000035호
이메일 · adad1515@naver.com

ISBN 978-89-94893-27-3 (23800)
책값은 책표지 뒤에 있습니다.

이 책은 실크로드가 저작권자와의 계약에 따라 발행한 것이므로 저작권법에 따라 무단 전재와 복제를 금합니다.

"한국출판문화산업진흥원의 출판콘텐츠 창작자금을 지원받아 제작되었습니다."

서른다섯, 발칙하게!

김서하 지음

실크로드
silkroad

| 들어가며 |

'내 인생'에서 '나'는 없다?

"고등학교 졸업하면 네 용돈은 네가 벌어라."

늘 말씀하시던 아버지 덕분에 나는 19살(?) 20대 초반부터 아르바이트를 하며, 웬만한 아르바이트는 다 섭렵할 정도로 안 해 본 일이 없었다.

전단지 배포, 삼성반도체, 편의점, 토스트가게, 호프집, 학교도서관, GIS프로그래머, 카지노 딜러, 온라인쇼핑몰 창업, 텔레마케터, 화장품 영업 등 사회경험을 일찍 하게 되었다.

처음 아르바이트를 시작 할 때는 마냥 재미있었다. 답답한 학교와 집에서 나와 마치 일상의 일탈과 같았다. 새로운 경험을 쌓을 때 마다 좋았고, 열심히 잘한다고 사장님께 인정받는 날은 더욱 열심히 하기도 했다.

항상 그렇게 나름 포기하지 않고, 새로운 일을 좋아하며, 도전하기를 좋아하며 열심히 살았던 20대였다.

그러나 결혼과 출산 후 모든 게 달라졌다. 우리네 엄마들이 우리를 그렇게 키웠던 것처럼, 나도 엄마라는 역할에 충실하게 변화되고 있었다. '나'라는 존재는 더 이상 찾을 수 없었고, 시간에 쫓겨, 내 아이들, 남편에게 치이고 있었다. 그로 인해 나의 자존감은 무너질 때로 무너져 갔으며, 모든 게 달라져 있었다.

　어느 날, 내가 지금 어디쯤 왔을까? 의문이 들기 시작했다. 내 인생 끝을 알 수 없기에 현재의 위치도 알 수 없었다. 그때 거울에 비친 나를 보았다. 거울 속 나는 내게 말하고 있었다. 예전의 나를 찾고 싶다고, 나를 찾아 달라고…….

　그렇게 나는 정신을 다시 붙잡았다. 아마 결혼 후 서른쯤에 재 정신을 차린 듯하다. 내 나이 앞자리 수가 바뀌면서 나를 되돌아보고, 현재의 나를 생각하게 되었던 것이다. 그때부터 현재 내 위치에서 할 수 있는, 하고 싶은 것을 하기 시작했다.
　그 동안 시간이 없었다는 건 핑계에 불과했다. 시간이라면 아이들 재우고도 있었으며, 아침 시간도 있었다. 그동안 늘 핑계거리였던 시간은 나에게 더 이상 핑계거리가 되지 않았다.
　아이들 키우면서 못 읽던 책도 다시 읽었고, 아이가 조금 크면서 어린이집을 다니게 되자 나의 시간은 조금 더 생겼다. 그 시간을 이용해 자격증을 취득했다. 피부관리사, 간호조무사, 메이크업, 방과 후 교사, 김병완 칼리지 등을 수료했다.

  학교 다닐 때부터 자격증 따는 걸 좋아했지만, 결혼 후 에는 이제 아줌마가 되어 필요 없고 할 수도 없을 꺼라 생각했었던 것이다.

  간호조무사를 준비할 때였다. 같이 병원실습을 나갔던 친구들은 고등학생이 제일 많았고, 나는 실습 학생 중에 가장 나이가 많은 서른이었다. 다른 아이들과 10살 이상 차이가 났지만, 그 중 제일 인정받는 건 나였다.
  고등학교 때부터 컴퓨터를 잘했던 나는 물론 컴퓨터 자격증도 있으며, 능숙하게 컴퓨터를 다루었고, 간호조무사 자격증을 준비하기 전 피부관리사 자격증을 이미 취득한 때였기에, 병원 측에서는 시킬 일이 많았던 것이다. 그렇게 나는 실습기간에도 병원에서 톡톡히 예쁨을 독차지했다.

  결혼 후 아줌마라서, 나이 서른이 되어서, 서른이 넘어서⋯⋯ 안 된다고만 생각했다. 하지만 생각을 바꾸니 모든 게 달라졌다. 나는 그 전보다 열심히 살게 되었다.
  내가 하고 싶은 일과 육아를 같이 병행하다 보니 몸인 더 바쁘고 힘들었지만, 어느새 잃어버렸던 자신감도 찾을 수 있었다.

  "당신이 어디 서 있건 지금이 바로 시작할 때입니다. 오늘 당신이

기울이는 노력이 분명 세상을 바꿉니다."

— 앤드류 매튜스(Andrew Malthews)

그가 남긴 이 한 마디가 도전에 대한 실행이 얼마나 중요한지 다시 한 번 말해준다.

뭐가 두려운가. 실패를 두려워하지 마라. 작은 것부터 도전하자. 누구나 실패는 있다. 실패가 있기에 성공도 있는 법이다. 실패를 통해 배움이 있는 것이다.

서른, 절대 늦은 나이가 아니다.

나도 결혼 후 그냥 아무 일 없는 오늘, 어제와 같은 오늘, 오늘과 같은 내일을 살고 있었다. 서른이 넘어서부터 더 이상 '이대로는 안 되겠다.'는 생각이 들었다. 그때부터 막연히 꿈에 그리던 작가의 꿈을 이루기 위해 꿈을 단계별로 구체화하기 시작했다. 한 단계 한 단계 밟아 현재 지금의 여기까지 왔다. 꿈은 절대 구체화 하지 않으면 한때 꾸는 '공상'에 불과하다. 그런 막연한 꿈은 절대 이루어질 수 없다.

이제부터 시작하면 된다.

작은 것부터 시작하여, 꿈길에 한 발짝 들여 놓는 건 어떠한가.

아니, 생각할 것도 없다. 실행하지 않으면 아무것도 얻을 수 없다.

지금 이대로 어제와 같은 오늘. 작년과 같은 오늘. 오늘과 같은 내일을 계속 살터인가? 지금부터 내 인생을 한 단계 위에 올려놓아 보자. 지금이 바로 그 실행력을 행동으로 옮겨야 할 때이다. 모든 일은 행동을 함으로써 시작할 수 있다.

   행동하라! 그런 당신을 세상이 응원할 것이다.

2017년 12월

김서하

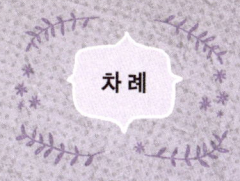

차례

들어가며 · 7

PART 1 / 여자 나이 서른이 넘어갈 때

1 서른, 이대로 괜찮은가? · 15
2 시속 30km를 잡아라 · 21
3 아플 수 없는 엄마 · 27
4 어둠의 위기 · 34
5 흩어져 버린 꿈 · 42
6 몰랐다고 내숭 떨지 마 · 50

PART 2 / 흔들리는 엄마

1 그만, 아프단 말이야 · 59
2 내 인생의 기회는 도대체 언제 오니? · 65
3 남보다 못한 사이 · 72
4 나 홀로 혼여 · 79
5 두 번째 사랑과 썸 타자 · 86
6 달콤한 상상 · 93

PART 3 / 여자, 발칙하게

1 나만의 아지트를 찾아라 · 101
2 버려야 하는 것 · 108
3 여기가 맞아? · 114
4 행동 직진 · 120
5 생각의 판을 흔들다 · 126
6 끝이야? 벌써 지쳤어? · 133
7 한 번만 더 하자 · 140

PART 4 / 서른다섯, 찾아라

1 스무 살, 처음 책과 마주하다 · 147
2 살기 위한 몸부림 · 152
3 10분만 봐 줄래? · 159
4 힐링으로 소통하라 · 165
5 내 손에 지금 들려 있는 건 흙수저야, 금수저야? · 170
6 한 권이 지루하다면 여러 권을 동시에 읽어라 · 176

PART 5 / 기회는 준비된 자에게 온다

1 죽을 때까지 익혀라 · 183
2 괜찮아, 너의 꿈을 보여 줘 · 188
3 그 느낌 그대로 · 194
4 언제까지 보기만 할래? · 200
5 머피의 법칙 Vs 샐리의 법칙 · 206
6 인생 역전 티켓, 이제는 당신이 잡을 타이밍이다 · 212

PART 6 / 서른다섯, 지금 시작해도 늦지 않아

1 꿈길에서 체크하라 · 221
2 나를 바꾸는 습관 · 226
3 처절한 실패, 수많은 도전! 그 순간을 즐겨라 · 231
4 5년, 10년 후 · 238
5 이젠 주인공으로 데뷔하라 · 243
6 서른다섯, 지금 시작해도 늦지 않아 · 249

PART 1

여자 나이 서른이 넘어갈 때

- 서른, 이대로 괜찮은가?
- 시속 30km를 잡아라
- 아플 수 없는 엄마
- 어둠의 위기
- 흩어져 버린 꿈
- 왜 이렇게 살아야 하는데?
- 몰랐다고 내숭 떨지 마

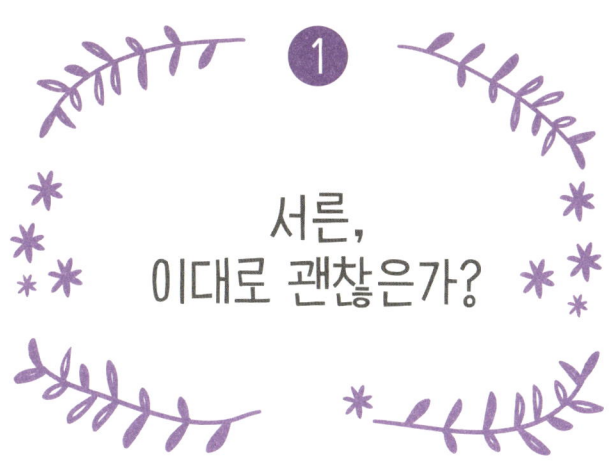

서른, 이대로 괜찮은가?

"당신이 젊은 시절 꿈꾸었던 것에 충실하라."
— 프리드리히 실러(독일의 시인)

시간 참 빠른 것 같아

마치 어제 일인 것만 같아서 난

좋았던 그 때가

아팠던 그 때가

또 그리워서 울고 있는 나

시간 참 빠르다

　가수 이승철의 〈시간 참 빠르다〉의 가사 일부이다. 이 노래 뮤직비디오를 보면 한 여자의 모습이 유아기부터 성인, 노인이 되는 그림으로 계속 바뀌는 영상이 나온다. 그 영상을 보고 있으면, '나도 저랬는데……. 저렇게 나도 금방 늙겠지?'라는 생각이 절로 들면서, 가슴 한켠이 아려온다.

　시간 참 빠르다. 코 찔찔 흘리던 나는 어느덧 지금의 나이가 되었다. 과거를 회상해 보면 짧게만 느껴지는 세월이 앞으로 더 빨리 지나갈 거라 생각하니, 지금 이 시간이 더 중요하게만 느껴진다.

　지금 이 시간.

　지금 가장 중요한 시간. 우리는 그걸 놓치고, 자꾸 과거의 생각만 할 때가 많다. '나 한창 때 잘나갔는데…….'라고 말이다.
　지금 이 순간을 우린 놓치지 말아야 한다. 지금 이 시간은 미래에 내가 가장 그리워하는 시간이다. 러시아의 소설가인 톨스토이 그도 말했다.
　"가장 중요한 시간은 현재다."

　내 나이 어느덧 서른 중반의 나이가 되어 버렸다. 여자에게 서른이란 경계선은 참 애매한 나이다. 결혼도 서둘러야 할 것 같고, 사회적으로도 자리를 잡아가고 있어야 할 것 같은 나이다. 어른도 아닌 것이 그렇다고 철부지 아이도 아닌 어중간한 나이다. 그런 나는 서른도 되기 전에 결혼을 했다.
　내 나이 서른엔 우리 큰아들이 세 살 때였다. 내 나이를 생각할 겨를도 없이 육아에 지쳐 있을 때였다. 여자가 결혼을 하면 아줌마가 된다. 결혼을 해서도 별로 와 닿지 않은 현실이었다. 아니 인정하고 싶지 않았던 것 같다. 하지만 서른이 넘어가니 진짜 아줌마가 된 것 같아 왠지 억울한 생각까지 들었다. 한 것도 없이 벌써 서른이 된 것이다. '이젠 어떻게 살아야 하지?'라는 막막함까지 들었다. 꽃다운 20대 시절도 갔으니, 여자로 삶은 끝나고 나도 아줌마로 살아가게 되는 삶을 받아들여야 한다고 생각했었다.

하지만 지금은 그렇게 생각하지 않는다. 서른이 넘었다고 특별히 내 삶에 큰 변화는 없고, 달라지는 것도 없다. 여자로서의 삶도 끝난 게 아니라, 새로운 시작을 하기에 가장 좋은 나이란 걸 알게 되었다.

하지만 아직도 많은 여성들이 20대에서 30대로 넘어갈 때, 30대에서 40대로 나이 앞자리 수가 바뀔 때마다 우울해 한다. 당연하다. 나이를 한 살 두 살 더 먹어 늙어지는데, 어느 누가 좋아한단 말인가.

우울해 한다고 지나간 세월이 다시 돌아오지 않는다. 지금 이 시간을 우린 즐겨야 한다. 한 번 사는 인생이다. 연습은 없다. 지금 이 시간 또한 다시 오지 않을 시간이다.

20대에 어떻게 살아왔든, 과거에 내가 어떤 삶을 살았든 중요하지 않다. 새로 시작한다는 마음으로 내 삶을 새로이 채워나가야 한다.

나이를 들면서 우리는 조금씩 성숙해진다. 조금씩 철이 들기 때문이다. 결혼을 하면서 한 번 성숙해지고, 아이를 출산하면서 또 한 번 성숙해진다.

10여 년 전만 해도 난 평범한 다른 여성들처럼 결혼을 하고, 아이를 기르며 살 거라곤 예상하지 못했다. 욕심 많고, 하고 싶은 것도 많았기에 이것저것 다 해 보고 싶었다. 그러나 삶은 항상 예상치 못한 곳으로 흘러가곤 한다. 연이 닿은 한 남자를 만나 결혼도 하고, 두 아이의 엄마가 되었다. 그렇게 한 가정에 충실하며, 아이들 잘 키우며 살면 되겠거니 생각한 나날들도 있었다.

그러나 현실은 답답하기만 했다. 나는 답답할 때마다 내 미래에 대해 생각할 때가 많았다.

'아직은 더 뭔가를 해도 되지 않을까? 삶의 활력을 찾을 새로운 무언가에 도전하고 싶은데, 잘 할 수 있을까? 써 먹을 재주가 아직도 많은데…….'

라는 혼자만의 생각도 가져 보았고, 찾아보기도 많이 했다. 어느덧 서른이 넘은 나이. 이대로 쭉~ 가기엔 내가 한 없이 작게만 느껴질 때가 많았다. 그때마다 난, 더 나은 내가 되려고 책도 읽고, 새로운 무언가를 배우기 시작했다.

새로운 무언가를 배울 때마다 성취감도 쌓였고, 그 성취감은 나에게 자신감을 가져다 주었다. 매사에 자신감이 생기니, 새로운 도전을 더 찾게 되었다.

'이번에도 잘 할 수 있을 거야~!!'

난 늘 나에게 무언의 용기를 주었다.

서른 살이 넘으면 인생이 그리 길지 않다는 것이 서서히 피부에 와 닿기 시작한다. 이러한 시간에 대한 인식은 더 절실하게 자신이 좋아하는 것에 몰두할 수 있게 한다. 나이 들어 좋은 점은 진심으로 자기가 좋아하는 것이 무엇인지 알 수 있으며, 어떻게 이 짧은 인생을 사는 것이 정말 가치 있는 것인지에 대한 성찰이 생긴다는 점이다.

— 『서른 살이 심리학에게 묻다』, 김혜남 저, 갤리온, 2008, 291쪽

30대. 지금은 미래의 40대의 나를 준비하는 시기다. 지금 뿌려놓은 씨앗들은 40대엔 열매가 되어 나에게 돌아올 것이다. 한 순간에 이루어지는 건 아무것도 없다. 아무런 노력도 없이 바로 내일 반전 인생을 살 수 없는 것이다.
우리는 끊임없이 나에게 질문을 던져야 한다.

지금 괜찮아?
맞는 길로 가고 있는 거야?
이대로 후회는 없을까?
더 나은 방법은? 선택은?
내게 가장 중요한 것은?

내 질문 안에서 스스로 답을 구하고, 생각하고, 내 인생 방향의 끈을 놓치지 말아야 한다. 모든 일에는 실천이 기본 바탕이다. 아무리 좋은 책을 읽어도 실천하지 않으면 내 것으로 만들 수 없고, 아무리 좋은 아이디어도 꺼내지 않으면 더 이상 아이디어가 아닌 것이 된다. 생각만으로 그치지 말아야 한다. 생각을 했다면 계획하고 실천해야

한다. 계획 없는 실천은 시행착오를 낳게 된다. 계획을 세워도 계획대로 되지 않는 것이 허다한데, 계획 없이 머릿속 생각만으로 뛰어든다면, 잘 될 리 만무하다.

젊음과 나이 듦의 장점이 서로 만나고 섞이기 시작하는 나이인 서른의 당신은 당신의 미래를 만들어 갈 수 있다. 어떤 것이든 당신의 결정과 판단이 옳다고 확신한다면, 그리고 실수와 실패를 두려워하지 않고 그것으로부터 배울 준비가 되어 있다면, 당신의 미래는 많은 가능성을 향해 열려 있을 것이다. 그러니 당신 자신을 믿고 세상을 향한 발걸음을 힘차게 내디뎌라. 왜냐하면 당신은 언제나 옳으니까!

― 『서른 살이 심리학에게 묻다』, 김혜남 저, 갤리온, 2008, 311쪽

하루하루를 그냥 물 흘려보내듯 보내지 마라. '오늘의 나는 어제보다 괜찮았나?' 나의 하루를 성찰해 보고, 모자랐다면 어디가 부족했는지 보완하고, 똑같은 실수, 게으름을 피우지 말아야 한다. 더 나은 나를 위해 지금 바로 희망의 씨앗을 뿌려야 한다. 지금 내가 활동할 수 있는 범위에서 최선은 어디까지 인가? 그 이상을 한다 생각하고 움직여라. 그래야 목표 지점까지 도달할 수 있다. 일단 목표를 세우고, 계획을 세워라.

아직도 당신은 한창이니 괜찮은 나이다.

시속 30km를 잡아라

"낭비한 시간에 대한 후회는 더 큰 시간 낭비이다."
— 메이슨 쿨리(미국의 작가)

'세월 참 빠르다'

시간이 빨리 지나간다고 생각할 때 흔히 하는 말이다.

나이 한 살 더해질 때마다, 지나온 시간이 무색할 때마다 나오는 소리이다.

사람들은 언제 늙어간다고 느낄까?
안 보이던 주름이 보일 때?
처음 흰 머리카락을 발견했을 때?
술 먹고 회복이 안 될 때?

많은 나이는 아니지만, 나 또한 서른이 넘어서부터 나이가 몇인지 생각이 안날 때가 간혹 있다. 그럴 때마다 생각한다. 나도 나이를 먹는구나. 20대에는 매년 내 나이가 몇인지 잘 알고 있었는데, 이제는 올해 서른셋인지, 넷인지, 다섯인지 헷갈리는 나이가 되어 버렸다.

어르신들이 흔히 하시는 말씀이 있다. 인생 나이만큼 시간이 빨리 간다고.

10대는 시속 10km, 20대는 시속 20km, 30대는 시속 30km, 40대는 시속 40km, 50대는 시속 50km……. '과연 그럴까?'라고 생각했던 게 엊그제 같은데, 이젠 이 이야기를 실감하게 되는 나이가 됐다. 현재 내 인생 속도는 시속 35km. 정말 빠르다. '40대가 되면 더 빨라지겠지? 더 늦기 전에 뭐라도 해 놔야 하는데…….' 조급한 마음이 더 드는 요즘이다.

내 나이 서른, 마흔쯤에는 뭔가 되어 있을 줄 알았다. 안정된 가정과 노후 준비. 하지만 현실은 빈 쭉정이다. 나이만 먹어 가고 있는 꼴이다. 이런 현실을 실감하면서도 내 안의 게으름을 떨치기란 정말 힘들다.

나의 대표적인 시간 도둑은 수면이다. 오히려 결혼 전에는 회사에서 야근하고 와서도 밤 새워 책을 읽을 정도로, 자는 시간이 아까웠다. 그때는 잠이 항상 부족했지만 하루를 알차게 보낸 느낌이 좋았다. '10년? 15년?'이 지난 지금은 육아에 지쳐 나도 모르게 두 아이들을 재우면서 같이 잠드는 경우가 많아졌다.

한번 무언가에 빠지면 무라도 썰어야 하는 나다. TV도 예외는 아니다. 특히 드라마를 좋아한다. 드라마를 보면 첫 편부터 끝까지 다 봐야 한다.

여자에게 드라마는 야동이라는 말이 있듯이 나에게도 예외는 아니었다. 드라마에 한번 빠지면 매우 열광적으로 보는 편이라 아에 처음부터 보지 않으려 한다. 어쩌다 식당에서 잠깐 우연히 보거나, 친정집에서 잠깐이라도 보면 그 다음부터는 궁금해서라도 꼭 봐야 한다. 본방사수를 못 했을 때는 몰아서 본다. 드라마를 보면 하루가 훌쩍이다. 몰아서 다 보는 날이면 어떨 땐 속이 다 후련하다.

하지만, 후련한 마음도 잠시.

시계를 보면 어느 새 저녁이다. 하루가 다 지난 것이다. 그럼 그때처럼 또 허무할 때가 없다. 그제야 후회를 한다. 아~ 처음부터 보지 말았어야 하는데, 이미 후회해도 뭉텅이로 없어진 나의 시간은 돌아오지 않는다.

당신의 시간 도둑은 무엇인가? 대부분의 사람들이 허무하게 보내는 시간 중엔 TV 시청, 스마트폰이 가장 많을 것이다. 이 시대의 대표적인 시간 도둑들이다.

밥 먹고 나서 아무 생각없이 거실이나 침대에 누워서 TV를 보면 3~4시간은 훌쩍 지나간다. 재미있는 프로그램은 왜 또 다들 늦은 시간에 방영하는지, 그 프로그램을 보기 위해 쓸데 없는 프로그램까지 다 점령하게 된다.

스마트폰은 또 어떠한가. 요즘 기능이 너무나도 많아서 정말 휴대폰 하나만 있어도 심심하지 않을 정도다. 게임, TV, 라디오, 유튜브, 채팅, 전자책, 뉴스, 웹툰 …… 등 다 적을 수 없을 정도다. 이메일만 확인하려 접속했다가, 웹툰에 채팅까지. 그러다 보면 1~2시간은 훌쩍이다. 잠들기 전에 확인 안 하면 뭔가 허전해서 만지작거리다 보면 취침은 또 멀어지고, 올빼미 마냥 스마트폰과 씨름을 한다. 그러다 늦게 잠들어 아침에 못 일어나기가 일쑤다.

컴퓨터 웹 서핑 또한 대부분의 사람들의 시간 도둑 목록에서 빠질 수 없다. 회사에 출근해서 신문, 이메일 등만 확인하려다, 실시간 인기 검색, 전날 인기 동영상, 소셜 커머스의 대박 할인까지 검색하는 이들이 수두룩하다. 그러고 나면 점심시간이다.

시간 도둑의 특징은 보통 사람들은 크게 심각하게 생각하지 않는다는 것이다. 또한 시간 도둑이라 인식을 못한다.

많은 이들은 시간 도둑을 대부분 내 안의 문제로만 생각한다. 하지만, 다른 사람에 의해 시간을 빼앗기는 것 또한 시간 도둑이다. 예상치 못한 지인의 부탁, 혹은 갑자기 집에 찾아온 손님도 시간 도둑에 해당한다. 모두 미리 예상하지 못한 나의 시간을 빼앗는 원인들이다. 남의 부탁을 받을 때는, 나의 시간을 투자해서라도 해야 하는 일인지를 먼저 생각해 보아야 한다.

근무 시간의 시간 도둑을 황금 시간으로 바꾸라는 타다아키 씨가 자신의 저서에서 강조한 대목이다.

근무 시간이 되면 갑자기 전화나 메일이 오거나 동료나 상사가 말을 거는 경우도 많아진다. 물론 회의나 협의 사항도 들어온다. 당연히 업무 수행에 있어서는 빼놓을 수 없는 일이지만, 개중에는 잡담을 하러 오는 사람이나 약속이 없는데 갑자기 찾아오는 사람도 있다. 나는 이런 사람을 '시간 도둑'이라고 부른다. 이러한 시간 도둑으로부터 자신의 시간을 지킬 수 있을 때가 바로 근무 전 아침 시간이다.
근무 시간보다 일찍 출근하면 차례차례 업무를 해결해 나갈 수 있기 때문에, 근무 시간 전 시간은 업무의 '황금 시간'이라 할 수 있다.
― 〈행복을 불러들이는 아침 5시부터 습관〉 하코다 타다아키 저, 스카이, 2012, 184~185쪽

하루는 누구에게나 똑같이 주어지는 24시간이다. 그러나 똑같은 시간을 보내는 이는 하나도 없다. 어떻게 오늘 하루를 쓰느냐에 따라 내일이 달라지기도 한다. 시간을 그냥 흘려보내지 않으려면 무엇보다 계획이 중요하다. 일을 계획없이 그때그때 대충 처리하는 것도 시간 도둑이다. 미루는 습관 또한 시간 도둑이다. 더 이상 미루지 말고 실행하라.

그동안 아무렇지 않게 시간 도둑에게 시간을 내주고 있었다면, 지금이라도 자기절제를 해서라도 본인의 시간을 찾아야 한다. 나만의 시간 도둑은 뭐가 있는지 목록부터 작성해 보자. 그리고 그 도둑들을

몰아내고, 새로운 계획을 세워 나만의 시간으로 재활용하자.
  내 시간에 찔찔 끌려 다니지 마라. 내 시간은 내가 지배해야 한다. 시간 활용을 잘 하면 오늘보다 나은 내일을 만날 수 있다.

아플 수 없는 엄마

"제일 안전한 피난처는 어머니의 품속이다."
— 풀로리앙

원래 약골은 아니었는데, 언제부턴가 나는 약골 체질이 되어버린 것 같다. 결혼 전 운동을 좋아하고, 나름 활동적이었다. 잘 체하긴 했어도 특별히 어디가 아프진 않았다. 지금도 특별히 고질병이 있는 건 아니지만, 남편이 말하는 것처럼 나는 허·약·체·질이 되어버렸다.

> 출산 후에는 호르몬의 급격한 변화로 인해 관절, 근육, 인대의 이완이 심해지게 된다. 출산 초기에는 시림, 오한, 식은 땀 등의 신경 증상이 주로 생기고, 출산 후 시간이 경과할수록 관절통, 전신 피로 등의 관절 증상이 나타나게 된다.
>
> —「시민일보」 최민혜 기자, 2016.2.17.

출산 후 이처럼 여자의 몸에는 많은 변화가 온다. 나도 예외는 아닌 듯하다. 두 번의 임신과 출산을 반복하며, 내 몸은 이미 내 몸이 아닌 것이 되어 버렸다.

보통 출산 후 후유증이라고 하는 건 사람마다 다른 증상을 보인다. 나는 후유증까지는 아니지만 출산 후 추위를 많이 타는 체질이 되어 버렸다. 결혼 전에는 한 겨울에 치마를 잘도 입고 다녔는데, 지금은 겨울에 치마는 엄두도 안 낸다. 하다못해 코트도 못 입는다. 오로지 거위나 오리털이 듬뿍 들어간 점퍼를 2개 정도는 껴입어야 겨울을 날 수 있게 되었다.

또다른 변화는 틀어져 버린 골반이다. 골반 통증은 밤마다 아니 누울 때마다 찾아온다. 특히 왼쪽 골반이 나를 힘들게 한다. 골반 교정을 나름 한다고 골반 스트레칭을 하지만 큰 차이는 없다. 밤바다 뜨거운 전기 찜질을 골반에 대고 누워야 그나마 통증이 조금 누그러진다. 통증이 느껴질 때마다 어릴 때 비 오는 날이나, 궂은 날, 왜 그리 엄마가 허리 아프다, 골반 아프다 했는지 그 고통을 알게 되었다. 결혼을 하고, 출산을 하고 나서야 그 심정을 알 수 있게 되었다.

혼자 사는 사람의 제일 큰 서러움은 무엇일까? 아마 아플 때 아무도 없다는 사실을 느낄 때일 것이다. 아무도 없을 때 아파 본 적이 있는가. 아무것도 아닌 것 같아도 아픈 사람에게는 아플 때 옆에서 약 챙겨 주고, 밥 먹으라고 챙겨 주는 것, 그것만으로 큰 힘이 된다.

친한 친구 중에, 병원에 입원했을 때 지극정성으로 챙겨 준 남자와 결혼을 친구도 있다. 아플 때 힘이 되는 사람, 힘들 때 힘이 되는 사람, 이런 사람이 진정한 나의 사람인 것이다.

엄마들은 어떠한가. 가족 중 한 명이 아프면 엄마는 잠 한숨 못 잔다. 열이 심하게 올라가지는 않는지 밤새 체온을 재고, 빨리 낳게 하려고 약을 챙겨 준다. 반대로 엄마가 아플 땐 어떠한가. 한 가정이 올 스톱된다. 엄마가 아프면 아무것도 할 수 없기 때문이다. 밥, 빨래는 고사하고 내 몸 하나 챙기기도 힘들다.

2016년 2월에 종영한 KBS「부탁해요 엄마」, 4월에 종영한 MBC「결혼 계약」 두 드라마의 공통점은 엄마 역할인 고두심, 유이 두 주인공 모두 시한부 인생이라는 점이었다. 어느 날 갑자기 알게 된 큰 병. 살 날이 얼마 남지 않았으나, 마음대로 아플 수도 없다. 걱정하는 가족이 있고, 어린 딸이 있어 내색 한 번 제대로 못 내고 죽어가는 주인공들. 바로 우리네 엄마 모습이다.

2~3년 전쯤 심하게 아팠던 적이 있다. 분명 어제까지 괜찮은 몸이었는데, 온몸에 오한과 열이 동반되었다. 성인이 되어서 열이 나며 아팠던 적은 거의 처음이었던 것 같다. 몸에 열이 있으니 힘이 없어서 움직일 수가 없었다. 남편은 이미 출근한 후. 아이들 둘을 어린이집에 보내야 하는데, 어린이집엔 못 보내더라도 아이들 밥이라도 챙겨 줘야 하는데, 손가락 하나 움직일 수도 병원에 갈 수도 없었다. 그때의 심정은

진짜 뭐라 할 수가 없다. 누군가의 도움이 절실한 순간이었다.

  큰아이한테 시켜서 집 근처 사는 사촌 언니를 전화해 오라고 했다. 다행히 큰아이가 전화를 걸 수 있는 나이였다. 곧장 언니가 왔고, 언니가 아이들 아침 챙겨 주고, 어린이집까지 챙겨 보내 줬다. 그리고 곧장 병원에 갔다. 병명은 '신우신염'이었다. 요로감염의 일종으로 신장에 세균 감염이 발생한 것을 말한다. 둘째 임신했을 때 처음 신우신염에 걸려 약도 못 먹고, 병원에서 일 주일 넘게 입원하며 고생한 적이 있는데, 그때가 두 번째였다.

  신우신염 증상으로 신장에 염증이 생겨 열도 같이 동반된 것이었다. 신장이 약한 것인지 방광염이나 신우신념이 번갈아 가끔 한 번씩 찾아온다. 신우신염. 증상이 심할 땐, 병원에 입원해야 할 정도이다. 근데 다행히 이번엔 염증이 적어 약으로만 치료 가능했다.
  병원 약을 먹으니 서서히 좋아졌다. 몸의 통증도 조금씩 나아지고 있었다. 병원에서는 푹 쉬어야 빨리 나을 수 있다 했지만, 애 둘 있는 엄마가 집에서 어떻게 편하게 쉴 수가 있는가. 방금 치워도 뒤돌아서면 도깨비 집으로 만들어 버리는 아이들의 능력은 대단하다. 밥은 또 누가 챙겨 주고, 치운단 말인가.

  남편은 움직이지 말고 쉬라고 하지만, 눈에 보이는 걸 그냥 내버려 두는 것도 참으로 곤욕이다. 아픈 와이프를 위해 가사를 도와주는 남편, 참으로 이처럼 고마울 때가 없다. 하지만 고마움도 잠시. 세상의 모든 남편들은 하나같이 어쩜 그렇게 가사에 참으로 서툴까. 남편의 어설픈 솜씨에 내 손이 한 번, 두 번은 더 가야 한다.

 지금은 그래도 예전에 비하면 아주 호강하는 편이다. 아이가 어릴 때, 보통 돌 전후로 엄마는 아이 앞에서 꼼짝도 할 수 없다. 잠깐 사이에도 아이는 어떻게 될지 모르기에 화장실 한 번을 마음대로 못 간다. 화장실 문을 열고 아이가 보이는지 확인해야 하고, 어쩔 수 없을 땐 아이를 안고 일을 보기도 한다. 지금이야 그때보다 손이 덜 가니 다행이다. 아이 한 명 더 낳으라고 해도 절대 못 낳을 것 같다.

 이제는 아이들이 어느 새 커서 누울 때 "아이고~ 아이고~ 골반이야~" 하면, 다투어 큰아이, 둘째 아이가 달려와 골반을 두들겨 주고, 다리를 주물러 주고 한다.
 겨울에 한 번씩 몸살이라도 찾아오면, 서툰 솜씨로 밥도 하고, 설거지에 아이들까지 씻겨 주는 남편, 엄마 아프다고 물수건을 해서 이마에 놓아 주는 두 아이들이다. 어느덧 이렇게 훌쩍 커버렸나. 귀엽기도 하고, 엄마를 생각해 주는 남편과 아이들 마음에 감동이 전해 온다.

 몇 년 전 SNS에 떠돌던 하늘에 살던 아기의 감동적인 이야기다.
 "하느님께서 절 내일 지상으로 보내실 거라는 얘기를 들었어요. 이렇게 작고 무능력한 아기로 태어나서 저보고 어떻게 살라고 그러시는 거예요?"

그러자 하느님께서 대답하셨어요.

"그래서 내가 너를 위한 천사를 한 명 준비해 두었지. 그 천사가 널 돌봐 줄 거란다."

"하지만 전 여기서 노래하고 웃으며 행복하게 지냈는 걸요."

"지상에서는 네 천사가 널 위해 노래하고 미소 지어 줄 테니까 넌 천사의 사랑 속에서 행복함을 느끼게 될 거란다."

"하지만 전 사람들의 말을 모르는데 그들이 하는 말을 어떻게 알아들을 수 있죠?"

"네 천사가 세상에서 가장 감미롭고 아름다운 말로 너한테 얘기해 줄 거란다. 그리고 인내심과 사랑으로 네게 말하는 걸 가르쳐 줄 거야."

"지상에는 나쁜 사람도 많다던데 그 사람들로부터 저 자신을 어떻게 보호하란 말인가요?"

"네 천사가 목숨을 걸고서라도 널 보호해 줄 거야."

그 순간 하늘이 평온해지면서 벌써 지상에서 목소리가 들려오기 시작했어요.

"하느님, 제가 지금 떠나야 한다면 제 천사 이름이라도 좀 알려 주시겠어요?"

"이제부터 넌 천사를 보고 '엄마'라고 부르게 될 거란다 …….."

당신은 하늘에서 내려온 내 아이의 수호천사. 이름은 '엄마'이다.

여자들이여~ 당신은 어쩌면 이미 한 가정의 엄마이고, 아내이고,

며느리며, 딸일 것이다. 더 이상 어린아이가 아니다. 내 아픈 몸은 내가 챙겨야 한다. 나를 바라보는 식구들 사랑하는 사람들이 있다. 혼자가 아니다.

강한 여자가 되라!
강한 엄마가 되라!

엄마로써 아내로써 어느 정도 희생은 어쩔 수 없는 것이다. 그게 싫다면, 아이는 왜 낳았고, 결혼은 왜 했는가. 아플 때야 물론 더 서럽겠지만, 엄마의 소중함을 가족들이 알게 됐다면 그걸로 됐다. 훌훌 털어 버리고 강한 엄마, 강한 여자가 되어, 토끼 같은 내 새끼들과 내 가정을 지키는 등대 같은 엄마가 되라.

어둠의 위기

"사람은 행복하기로 마음먹은 만큼 행복하다."
— 에이브러햄 링컨(미국16대 대통령)

　임신 우울증, 산후 우울증, 육아 우울증, 주부 우울증, 직장인 우울증, 청소년 우울증, 소아 우울증, 노인 우울증. 여기저기 이름만 갖다 붙이면 다 우울증이 된다.

　마음의 감기라고도 표현하는 우울증. 그만큼 평생에 한 번쯤은 누구나 겪는 흔한 마음의 병이다. 개인에 따라 우울한 마음을 가볍게 훌훌 털어버리지 못하고 계속 방치하면, 그게 바로 치명적인 우울증이 된다. 일단 우울증이라 생각되면 가까운 병원에 가서 도움을 받아야 한다. 자칫 잘못하면 자살로 이어지는 무서운 병이 바로 우울증이다.

우울증이 남의 이야기인줄만 알았다. 나에게도 그 우울증이 찾아왔었다. 큰아이를 임신했을 때였다. 마냥 잘해 줄 것만 같았던 남편은 임신 초기에만 그랬다. 개월 수가 좀 지나니 귀찮은 듯 날 대했고, 하루 종일 집에서 남편만 기다리던 나는 남편이 늦게 오는 날이면 기분이 더욱 안 좋았다.

한번은 남편과 사소한 일로 다투었다. 그 상황이 너무 짜증이 났다. 임신 중인 아내한테 꼭 그렇게 화를 내야 하는지, 꼭 그렇게 심한 말을 해야 하는지 눈물이 나기 시작했고, 그 눈물은 그칠 줄 몰랐다. 나는 한참을 주방에 있는 냉장고 앞 바닥에 앉아서 울었다. 내가 울고 있다는 것을 알았을 텐데, 남편은 미동도 없이 야구를 보고 있었다. 남편이 야속했다. 아직도 그때의 기억이 생생하다.

남편이 야속해서 얼마나 울었을까? 내 감정을 나도 어떻게 할 수 없는 상태가 되어버렸다. 순간 나쁜 생각이 들어 주방에 있는 칼을 집어 손목을 그으려고 했다. 그때 배속에 아이가 떠올랐다. 아이한테 너무 미안한 생각이 들었다. 내가 너무 한심하게 느껴져 눈물이 더 터져 나왔다. 그렇게 주방에서 꺼이꺼이 울고 있어도 남편은 모른 채다. 내가 비참하게까지 느껴졌다. 남편은 그때 상황을 아마 지금까지 모를 것이다. 나는 얼마나 울었는지, 울면서 작은 방에서 잠이 들은 듯했다.

지금 생각해 보면, 그렇게 극단적인 상황이 아닌데, '뭐가 그렇게 억울해서 울었나.' 라는 생각도 든다. 임신을 해 본 여성이라면 알 것이다. 임신을 하면, 여성들은 감정 변화가 커진다. 하루에도 열두 번 기분이 좋았다 나빴다 한다. 당시 남편과 다투면서 감정이 격해져 나도 모르게 나쁜 생각을 하게 되었던 것 같다.

그 후로도 한동안 우울한 기분, 나쁜 기분, 부정적인 생각을 떨쳐버릴 수가 없었다. 약을 먹을 정도는 아니었지만, 그때 찾아온 우울증을 극복했던 방법이 바로 이사와 독서다.

당시 우리는 시부모님 집 바로 밑층에서 살고 있었다. 시부모님은 항상 잘해 주셨지만, 남편과 나는 항상 다투었다. 남편은 결혼을 한 건지 여자를 한 명 데리고 와 사는 건지 구분이 안 가는 행동을 많이 했고, 자신의 그런 행동을 전혀 느끼지 못했다. 그러다보니 우린 사소한 말다툼이 일상이 되었다.

특히나 남편은 퇴근 후에도 집보다 시댁에 있는 시간이 더 많았다. 시댁에 한번 올라가면 내려올 생각을 안 했다. 남편이 집에 와도 집에 안온 것 같지 않은 허전함이 들었다. 하루 종일 남편만 기다린 나에겐 큰 스트레스였다. 시댁 밑에 계속 살다가는 크고 작은 싸움이 끝날 것 같지 않았다. 그렇게 임신 7개월에 우린 이사를 결정했다.

우리끼리 한번 잘 살아 보자고. 이사를 하면서 남편은 나를 많이 도와줬고, 나도 남편을 이해하려고 노력하기 시작했으며, 나만의 시간을 활용하기 시작했다. 남편을 더 이상 기다리지 않겠다고 그때부터 결심했다. 남편이 회사에서 늦어도, 남편이 친구를 만나러 나가도 기다리지 않기로 말이다.

결혼 1년차 밖에 안 되어서였을까? 기다림은 곧 나에게 스트레스였다. 그 원인을 없애기로 나 자신과 약속을 한 것이다. 남편을 기다리는 대신 텔레비전을 보면서 깔깔대며 크게 웃기도 하고, 아이 배냇저고리를 만들며 몇 날 며칠을 보내기도 하고, 친구를 만나 수다도 떨고, 아이에게 태교로 읽어 줄 책도 읽었다. 책을 읽으면서 우울한 기분을 조금씩 떨쳐 낼 수 있었다.

비로소 나의 일들을 찾으면서 나름 바빠졌다. 그렇게 나는 나의 작은 우울증을 떠나보냈다.

> 우울할 때는 길을 볼 수 없다. 길이 보이지 않으니 헤매다가 거기서 지쳐 쓰러지는 것이다. 그럴 때는 길을 걸으려고 하지 마라. 단지 우울 상태를 벗어나려고 해라. 거기서부터 시작하면 된다. 그러면 길은 다시 보인다.
>
> ―『위기의 한국인』, 유한익 저, 민트북, 2012, 157쪽

여성의 인생을 전반적으로 살펴보면 결혼 후 우울증이 급격히 많이 찾아온다. 한 가정의 엄마, 아내로서 갑자기 예상치 못한 환경 변화, 임신과 출산으로 인한 신체 변화, 알 수 없는 미래. 모두 불행한 생각들뿐이기 때문이다. 우울증의 원인이 정확히 밝혀진 것은 아니지만, 대체로 심리적인 요인들 때문에 나타나는 경우가 많다.

우리나라 여성들을 기준으로 한번 살펴 보자. 미혼 여성보다 기혼 여성의, 직장맘보다 전업맘의 우울증이 더 많다. 미혼보다는 가정이 있는 기혼이 해야 할 책임(?)이 더 많아 마음이 더 무거운 게 현실이다. 전업맘의 경우 아침에 식구들을 다 보내고 나면 혼자 집에 있는 시간이 더 많다. 집에서 한 없이 굴만 파면, 우울증에서 헤어 나올 수 없다.

아줌마들은 또 어떠한가? 평생을 남편과 아이들 뒷바라지하느라 정작 본인을 살필 시간은 없다. 그렇게 한 해 한 해 보내면 나이는 어느덧 중년. 해 놓은 건 없고, 눈가에 주름만 느는 게 보통 아줌마들이다. 자꾸 20대 한창 잘 나가던 때 생각만 하고, 점점 더 현실이 비참해진다. 자신의 미래는 더욱 불안해지는 것만 같고, 꿈을 꿀 엄두조차 내지 못하는 게 대한민국 전형적인 아줌마들이다.

우울증. 치료하면 반드시 좋아질 수 있다. 본인 혹은 주변 지인이 우울증이라 판단되면 가까운 병원부터 찾아 가라. 특히 한 가정의 아내, 엄마가 우울증을 앓고 있다면 그 가정의 분위기는 어떠하겠는가?

가족 구성원 가운데 한 명이 우울증에 시달린다면, 이 상태는 다른 구성원들에게도 쉽게 전염이 된다. 우울증에 걸린 어머니를 보살펴 주는 딸, 우울증에 걸린 내성적인 아들을 걱정하는 아버지, 배우자의 문제점을 해결해 주는 데 아무 도움도 되지 못한다고 느끼는 아내나 남편 등이 그 예다.

— 『위기의 한국인』, 유한익 저, 민트북, 2012, 213쪽

한 가정에서 엄마는 그 집안의 분위기를 좌지우지한다. 우울증을 그냥 방치한다면, 자칫 아이들에게까지 영향이 미쳐 소아 우울증, 청소년 우울증으로 번지는 건 시간문제다. 모두가 알다시피 부정의 파급효과는 어마어마하다.

세계보건기구WHO에서는 2020년이면 우울증이 최대 질병이 될 것이라 경고하고 있다. 자살 원인 중 2/3는 우울증이 원인이다. 그만큼 무서운 마음의 병이 바로 우울증이다.

그렇다. 우울증이 나아지길 바라기만 한다고 변하는 건 아무것도 없다. 우울증에서 벗어나려는 노력을 나부터가 해야 한다.

그렇다면 우울증에 도움이 되는 것에는 어떤 게 있을까?

첫 번째, 신경 안정에 도움이 되는 약이나 보조제, 차를 마셔라. 많은 이들이 우울증까지는 아니더라도 스트레스로 인한 불안증을 갖고 있다. 신경 안정제는 꼭 우울증만이 아니더라도 우리의 심신을 편하게 하는 데 큰 도움이 된다.

- 대추: 신경을 안정시키는 약재로 많이 쓰인다. 불안증, 신경 안정, 위 기능까지 편하게 해 주는 효능이 있다.
- 은행Ginkgo: 혈액 순환을 증가시켜 혈액을 맑게 해 주어 기억 증진

에 효과가 있고, 치매 예방, 중풍 예방에도 좋다. 스트레스 증가로 뇌로 가는 혈액 순환이 원활하지 않을 경우 우울증, 공항 장애가 찾아오기도 하는데, 은행을 복용하면 뇌로 가는 혈액 순환이 원활해져 항우울제 효과가 있다. 우울증과 더불어 자꾸 깜박깜박 기억력까지 감퇴하고 있다면 은행이 도움이 될 수 있다.

- 세인트존스 워트 St. John's Wort: 유럽과 서아시아가 원산지인 허브로, 민간요법으로 많이 쓰이는 신경 진정제이다. 우울증과 불안증, 스트레스를 완화하는 데 효과적이다.
- 카바 뿌리 Kava Root: 남태평양 섬에서 주로 번식을 하며, 불안을 완화시키는 데 효과적이다. 그 외에 신경 진정, 스트레스 해소, 피로 회복에 도움이 되고, 항우울제 효과가 있다. 술과 같이 복용하면 알코올 효과를 더 강하게 하기 때문에 술과 함께 복용해서는 안 된다.
- 국화차: 머리를 맑게 해 주며, 우울증 증상에 효과가 있다.
- 쟈스민차 : 향이 좋은 쟈스민은 차로 마시기 편하며, 신경 안정 효과가 있어 우울증 완화에 큰 도움이 된다고 알려져 있다.

개인차가 있기 때문에 오랜 기간 약을 복용 중인 사람이나 지병이 있는 사람은 의사와 상의하고 복용하는 게 좋다. 아무리 좋은 것이라도 개인차가 있고, 누구에게나 다 좋은 건 아니니 주의해야 한다.

두 번째, 근육을 이완시키는 스트레칭을 하라. 가벼운 스트레칭은 우리의 몸을 이완시켜 주며, 몸의 긴장을 완화시켜 주는 역할을 한다. 어렵게 생각하지 마라.

- 앉아서 살짝 고개만 좌우, 앞뒤로 5초간 멈추어 목을 천천히 늘려 주어라.
- 바닥에 앉아서 두 다리를 뻗고, 팔을 앞으로 쭉 뻗어 손에 깍지를 끼어 팔을 늘려 보자. 허리와 허벅지가 이완이 된다.
- 일명 고양이 자세. 바닥에 엎드려 누워 두 팔을 위로 뻗고 엉덩이만 하늘을 치솟게 들어주어 등과 허리를 이완시켜 준다.

이 외에도 가벼운 스트레칭은 많다. 마음까지 편해지는 클래식 음악과 함께 스트레칭을 하면, 더 큰 시너지 효과를 얻을 수 있다. 몸이 이완되며, 몸과 마음도 한결 가벼워지는 걸 느낄 수 있다.

지금 나에게 우울증이 있다면 한 발짝도 더 앞으로 나아가긴 힘들다. 그렇다고, 주저앉을 필요도 없다. 아직 시도해 보지 않은 방법이 많기에 희망은 있다. 우울증, 불안증, 스트레스 모두 날려 보내자. 아직 펴 보지도 않은 내 꿈에 마이너스 요인이 될 뿐이다.

얼마든지 나도 좋아질 수 있다. 긍정의 힘을 믿어 보라.

5
흩어져 버린 꿈

"꿈을 계속 간직하고 있으면 반드시 실현할 때가 온다."
— 괴테(독일 문학가)

"카드는 괜히 있니? 여행을 가라고 만드는 거잖아. 너 요즘 한참 나오는 CF도 못 봤어?"

친구와 해외여행을 계획 중에, 비용을 걱정하는 친구에게 해줬던 이야기다. 2005년, 현대카드에서 흥겨운 CM송과 함께 비행기 편, 클럽 편, 수영장 편으로 대히트를 쳤던 CF이다. 그때 그 광고를 보고 친구들과 '그래 인생 뭐 있냐? 즐기자'라며 신나게 놀던 때가 생각이 난다.

♬ 아버지는 말하셨지, 인생을 즐겨라~

♬ 재미나게 사는 인생, 자 시작이다~
♬ 아버지는 말하셨지, 그걸 가져라~

미혼 여성들은 기혼 여성에 비해 자기 투자를 많이 하는 편이다. 나도 미혼일 때는 원하는 가방이 있으면 사고, 여행 가고 싶으면 훌쩍 떠나기도 하고, 공연도 보러 다니기도 했다. 그때만 해도 여성이 결혼을 하면 많은 것에 제약이 생길 거라곤 생각하지 못했다.

결혼 후엔 모든 것이 변한다. 그나마 아이가 생기기 전은 천국이라는 것을 이제야 깨닫게 되었다. 아이를 낳고, 본격적인 육아가 시작된 후론 이 세상은 다 엄마로 시작되어 엄마로 끝나는 줄 아는 껌딱지처럼 붙는 아이들 통에 도통 내 시간이라곤 없다.

쇼핑할 때도 그렇다. 미혼일 땐 뭘 사도 가격을 크게 우선순위에 두지 않았다. 마음에 든다면 어떻게든 사려했지만, 결혼 후엔 마트에 가도 싼 것부터 손이 간다. 그리고 그 중에서 비교해서 구매한다. 애들 기저귀만 해도 한 푼이라도 저렴한 인터넷으로 구입하게 된다.

우리 둘째가 기저귀 떼기 전 이야기다.
기저귀가 떨어져 가는데 미리 기저귀 주문을 못했다. 급히 인터넷으로 주문을 했지만, 배송까지 2~3일은 걸린단다. 기저귀는 하루면 없어질 양밖에 남지 않았는데, 급한 대로 근처 마트에 가서 인터넷으로 구입한 기저귀와 똑같은 걸 샀다. 가격 차이가 무려 만원이다. 다음날, 인터넷으로 구입한 기저귀가 왔다. 마트에서 산 기저귀와 똑같다. 영수증을 들고 어제 기저귀를 산 마트에서 다시 환불을 받았다. 특히 아이들 유아용품은 인터넷이 확연히 저렴하다. 마트에서는 구경만 하고 인터넷으로 구입하는 경우가 종종있다. 정말 급할 때 아니고는 주로 인터넷 온라인쇼핑을 이용했다.

결혼 후에는 꿈이고, 목표고 내게 아무 의미도 없는 듯 했다. 먹고 살기 힘들어 돈도 없는데, 꿈이 무슨 소용이냐, 그렇게 죽고 못 살던 친구마저도 이젠 만날 시간적 여유도 내겐 없는 듯 했다. 나에게는 다 부질없는 이야기로 들렸다.

왜 이렇게 살아야 하는데?
어느 날 마트에서 아이들 치즈를 고르다가 싼 가격 위주로 상품을 고르고 있는 나를 느꼈다. '내가 어쩌다가 이렇게 됐지?' 내 신세가 처량하게만 느껴져 신세한탄을 하게 되었다. 부모 잘 만났으면 죄다 좋은 것만 먹고, 좋은 것만 입고 자랐을 아이들에게 미안한 마음이 들었다. 그날은 그런 내 자신에게 화가 나서 일부러 제일 비싼 것으로 장을 봤다. 비교해 보지도 않고 우유도, 채소도 제일 비싼 거로만 샀다.

'돈 몇 푼에 쩔쩔매던 내가 아닌데…….' 그건 다 옛날 말이다. 쥐뿔 가진 건 아무것도 없으면서 왜 그리 허탈하게 살았는지. 나 혼자 살 때야 당연히 혼자 벌어 혼자 쓰니 아쉬울 것도 없었다. 없으면 좀 아껴 쓰면 되었고, 사고 싶은 건 그냥 샀다. 결혼 후엔 모든 게 달라졌다. 남편이 벌어다 주는 돈으로 생활비도 아껴서 써야 하고……. 네 식구 돈 들어가는 곳이 한두 군데가 아니다 보니, 모든 일에 돈부터 계산하게 되는 버릇이 생긴 것이다.

사는 것이 빠듯하다 보니, 꿈이고 자시고 생각할 겨를이 없었던 것도 사실이다. 그럴 땐 내가 한 없이 한심하게 느껴져 책이라도 읽어야 했다. 책을 읽으면서 현실 도피를 하고 싶었던 것 같다. 아무것도 안 하고 있을 때면 내가 너무 한심해 미칠 것만 같았다.

아이들을 키우면서 제대로 된 일을 할 수 없었다. 딱히 아이들을 맡길 곳도 없었기에 내가 아이들을 키워야 했고, 그리고 그게 맞다고 생각한다. 나도 힘든 육아를, 나이 드신 부모님에게 부탁하는 것도 못할 짓이다. 아이들은 엄마가 키워야 한다. 우리 집은 큰아이와 둘째가 세 살 터울이다. 아이들이 어린이집에 가 있는 동안, 일이라도 할까 알아보면 시간이 안 맞아서 그것도 쉽지가 않았다.

아이들은 커 가고 걱정이 많아졌다. 애들 좀 크면 나가서 맞벌이를 해야 하는데 무슨 일을 해야 하지? 좀 전문적인 일이 좋을 텐데, 결혼 전 했던 일을 할 수는 없고, 어떤 일이 좋을까 고민했다. 내 꿈보다는 현실에 맞는 밥벌이를 찾고 있던 것이고, 그 밥벌이를 하기 위한 수단을 찾고 있었다.

신혼 초엔 미래를 생각해서 피부관리사 자격증도 취득했다. 그러나 그 쪽으로 일을 시작해 보기도 전에 큰 아이를 임신하여 바로 육아를 시작해야만 했다. 나중에 큰 아이와 둘째 아이 모두 출산하고, 피부과나 성형외과 병원에 취업 할 생각에 간호조무사 자격증을 취득하기로 마음먹었다. 어디를 가도 병원은 있고, 나이를 먹어서도 오래 할 수 있는 일이라 생각이 들어 결심했다. 아이들 어린이집 가는 시간에 학원을 다니며 공부했다.

돈 한 푼 안 받으면서 병원 실습도 4개월이나 다녔다. 아침 9시에 병원에 출근하여 오후 4시에 퇴근 후 학원에서 1~2시간 공부하고 집에 돌아왔다. 그렇게 반년 만에 간호조무사 자격증을 취득하였다. 아이들을 어린이집에 보내고 짧은 시간을 활용하여 자격증을 취득한 것도 기뻤고, 늦은 나이에 자격증을 딴 내가 기특했다.

하지만 그것도 내 꿈은 아니었다. 미래를 위해, 보험이라 생각하고 자격증을 취득한 것이었다. 나중에 취업할 곳이 없으면 병원에라도 취업할 생각에 준비한 것이다. 어디를 가도 병원 없는 동네는 없으니 이 얼마나 든든한 보험이란 말인가. 집에서 놀고 있으니, 나중의 기회를 위해 하나씩 준비해 두는 것도 나쁘지 않다 생각했다. 그 후로도 아이들 어린이집 갔을 때나 밤에 아이들을 재우고 혼자서 틈틈이 준비해 메이크업 자격증, 방과 후 지도사, 논술 지도사 등의 자격증을 취득했다. 이것들은 다 나의 미래 보험들이었다. 이런 나를 보고 한심했는지 남편이 어느 날 물었다.

"당신은 만날 자격증만 따서 뭐 하냐? 써먹지도 않을 거면서 뭐 하러 따냐?"

"뭘 하려고 딴 게 아니라, 나중을 위해서 딴 거지. 난 아무것도 안 하고 있으면 답답해."

같이 산 세월이 얼마인데, 나를 너무도 모르고 하는 말 같아서 서운했다. 그렇다. 나는 아무것도 안 하고 있는 시간이 견디기 힘들었다. 항상 작은 것이라도 목표를 세우고 그걸 위해 실행하고, 달리는 게 좋았다. 아무 목적 없이 매일 살아간다는 건 내겐 의미 없는 삶이나 마찬가지였다.

목적 없는 배를 탄 것과 무엇이 다르단 말인가. 목적 없는 배를 탔다고 생각해 보라. 아마 이리저리 떠밀려 어느 곳에 표류할지도 모르는 것이다.

프랑스의 르네상스를 대표하는 철학자 몽테뉴도 이렇게 말했다.

"어디로 배를 저어야 할지 모르는 사람에게는 어떤 바람도 순풍이 될 수 없다."

지금 내가 탄 배가 목적지가 없다면, 작은 꿈이라도 목표로 정해 달러 보자.

　우리가 잘 알고 있는 컴퓨터 천재 빌게이츠는 컴퓨터가 세상에 상용화가 되지 않았던 시절, 2년 선배인 폴 앨런과 1,500달러의 자본을 가지고 마이크로소프트를 설립했다. 다니고 있던 명문대 하버드를 중퇴하고 사업에 뛰어들었으며, '모든 책상 위에 컴퓨터를, 모든 가정에 컴퓨터를'이라는 확고한 꿈과 목표를 정하고 달려서 결국 그 꿈을 실현하였다.

　어린 시절 무협 소설을 읽으면서 작가가 되겠다고 꿈을 키운 나도 만약 목표를 세우고 한 단계 한 단계 나아가지 않았더라면, 그 꿈은 한 때에 꾸는 몽상이었을 것이다.

　꿈이 있다면 상상만 하지 말고 한 계단 한 계단 다가 가자. 한 번에 이루려고 용쓰지 마라. 쉽게 되지 않는다고 포기하지 마라. 우리 삶에 쉽게 되는 것이 무엇이 있더냐. 남 일은 쉬워 보여도 막상 뛰어들면 세상살이 쉬운 일은 하나 없다. 끊임없이 노력하고, 다시 일어서야 비로소 내 꿈에 한 단계 가까워질 수 있다.

　꿈이 없다고 미리 포기할 것도 없다. 작은 목표라도 세우자. 작은 목표라고 우습게 보지 말자. 남과 내 꿈을 비교하지도 말자. 남과 나는 다른 삶을 살고 있고, 내 인생의 주인공은 나다. 남과 비교하지 말고, 현재 내게 최선을 다해 이룰 수 있는 작은 목표, 꿈을 정하자.

취미를 하나 가져 보는 것도 하나의 출발점이 될 수 있다. 나는 원래 꿈이 없다고 단정 짓지 마라. 인간은 누구에게나 성취욕이 있기 마련이다. 내 안에 잠자고 있는 나를 깨워 시작해 보라. 하루하루 활력이 넘치는 나를 만날 수 있다. 애들과 남편이 내 남은 삶을 대신 살아 주진 않는다. 지금부터라도 나를 위한 시작을 하자. 무엇이라도 좋다.

이제 우리는 100세 시대에 살고 있다.
뭔가를 지금부터 시작해도 늦은 나이란 없다.

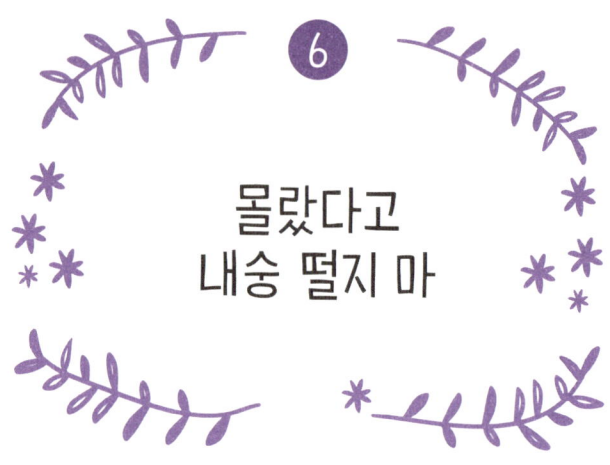

6
몰랐다고 내숭 떨지 마

"세상에서 보기를 바라는 변화, 스스로 그 변화가 되어야 한다."
― 마하트마 간디(인도 정치인)

"신청하신 육아 바우처 대상으로 확인되었습니다."

voucher(바우처)는 "증서, 상품권, 할인권, 쿠폰"이란 뜻인데, 행정 분야에선 정부가 제공하고자 하는 특정 상품(서비스)에 대한 지불 인증권을 의미한다. 즉, 정부가 수요자에게 쿠폰을 지급해 원하는 공급자를 선택하도록 하고, 공급자가 수요자에게서 받은 쿠폰을 제시하면 정부가 재정을 지원하는 방식을 말하는데, 이때 지급되는 쿠폰을 바우처라고 한다.

― 『네이버 지식백과』 voucher(교양영어사전2, 인물과 사상사, 2013. 12. 3.)

지금은 없어진 육아 학습지 바우처. 정부에서 가정 소득에 따라 미취학 아동을 대상으로 아이들 교육비(학습지)를 지원해 주는 바우처였다.

우리 집 큰 아들이 4살 때였다. 한참 엄마들 사이에서 육아(학습지) 바우처 붐이 불고 있었다. 지역마다 지원에 조금씩 차이가 있었다. 결혼 후, 전업맘으로 사는 엄마들에게는 한 푼이라도 아낄 수 있는 바우처는 한줄기 빛과 같았다.

바우처는 정부에서 지원하는 사업으로 조금만 신청이 늦어도 예산이 모자라 지원이 안 되었다. 신청 방법은 간단했다. 해당 거주지 주민 센터를 방문해서 가족 인적 사항과 소득 사항을 적고 1~2주 기다리면 된다. 바우처 대상에 선정되면 관심 있는 학습지에 전화해 바우처 대상 프로그램을 신청하면 된다. 그럼 바로 선생님이 방문해서 무료 체험부터 바우처 프로그램에 대해 설명해 주었다.

무료 체험을 받고 바로 일주일에 한 번씩 방문해 주는 학습지 한 곳을 선정했다. 선생님이 방문해서 아이에게 책도 읽어 주고, 한글도 가르쳐 주었다. 당시 5살이었던 아이에게는 그냥 스티커 붙이는 시간에 가까웠다. 한글은 나중에 6살이 넘어서 제대로 다시 시작했지만, 현재 다른 아이들과 비교해도 절대 뒤처지는 수준은 아니다. 읽고, 쓰기도 잘하는 아들이다. 바우처를 통해 아이가 딱히 뭘 배워서 남은 건 없다. 단지 아이가 선생님과 함께 있는 시간에는 뭔가를 앉아서 잠시

라도 집중했다는 거에 감사할 뿐이다.

바우처를 한참 진행하던 때였다. 어느 날 한 친구와 오랜만에 전화 통화를 하게 되었다. 결혼 후 아이들 나이 또래가 비슷해서 친해진 친구이다. 비슷한 시기에 결혼한 친구는 결혼 시작부터 나의 부러움을 한 몸에 샀다. 시부모님께서 신혼집으로 아파트를 마련해 주셨기 때문이었다. 막 시작하는 신혼부부에게 집만 해결되어도 그게 어디인가. 난 늘 친구에게 입버릇처럼 말하곤 했다.
"야! 넌 복 받은 줄 알아. 집은 해결 되었잖아. 난 언제 내 집 마련하니?"
친구와 대화 중 갑작스레 육아(학습지) 바우처가 생각났다. 친구에게 유용한 정보를 알려주고 싶었다.
"야, 너 바우처 신청했어? 우리 지우 얼마 전부터 바우처하잖아. 선생님이 일주일에 한 번씩 방문하실 때마다 책 한 권씩 가져오고, 읽어줘. 아직 안 했으면 너도 어서 신청해."

큰 돈 안 들이고 너무 좋다고, 아직 신청 안 했으면 신청해 보라고 친구에게 권유했다. 하지만 되돌아온 친구의 말은 한동안 나를 멍하게 만들었다.
"서하야. 우린 안 돼. 집 있잖아. 집이 재산으로 잡혀서 바우처 대상에 해당 안 돼."
"아, 맞아! 너희, 집 있었지. 나는 집 있으면 바우처 안 되도 좋겠다.

부럽다."

"부럽긴 뭐가 부럽냐? 정부에서 지원하는 건 다 우리랑 상관없어. 난 네가 부럽다. 재산세며, 세금이 더 부담 돼. 차라리 없는 게 낫겠어."

그날 나는 조용히 전화를 끊었다. 나는 정부 지원은 꽤 잘 챙기는 편이었다. 없는 살림에 이보다 유용한 정보가 어디 있는가. 둘째를 출산했을 땐, 정부지원 산후도우미 덕을 톡톡히 봤다. 시어머니, 친정 어머니 두 분 모두 직장을 다니고 있는 터라 산후 조리를 부탁하기엔 어려움이 있었다. 그래서 첫 아이 출산부터 산후 조리원을 생각할 수밖에 없었다.

첫째 아이 출산하고는 산후 조리원에 2주 동안 있으면서 몸조리를 했다. 하지만, 둘째 때는 큰아이도 있고, 몇 년 사이에 산후 조리원 가격이 껑충 뛴 탓에 1주일만 조리원에 있기로 남편과 결정을 했다. 그리고 집에 와서는 정부에서 지원하는 산후 도우미를 2주 동안 받을 수 있었다. 정부의 도움으로 산후 조리원 기간까지 합쳐 총 3주라는 기간 동안 따뜻하고 편하게 산후 조리를 할 수 있었다.

산후 도우미도 의료비 기준으로 가정 소득을 계산해서 대상자만 이용할 수 있었다. 우리 가정은 계산할 것도 없었다. 집도 뭐도 없으니 재산도 없고, 소득도 남편 혼자 벌어 넉넉하지 못한 형편이라 항상 이런 정부 지원엔 해당이 되었다.

뭐가 좋고 나쁘다고는 할 수 없다. 요즘은 오히려 정부 지원 혜택을 받으려고 일부러 소득을 적게 신고하는 이들도 많이 있다.

정부 지원은 아는 만큼 혜택을 볼 수 있다. 가까운 주민 센터를 방문해 나에게 맞는 정부 지원을 상담 받을 수도 있고, 여성가족부, 보건복지부 등에 문의 할 수도 있다. 방문이 어렵다면 인터넷 사이트 임신육아종합포털 '아이사랑www.childcare.go.kr' 홈페이지에 접속해서 육아지원 서비스를 간단히 조회해 볼 수도 있다.

바우처를 알면서 '결혼 전에는 이런 정책이 있는 줄도 몰랐는데, 세상 참 무심하게 살았구나.'라는 생각도 들었다. 내 일이 아니면 관심도 없던 시절이었는데, 이제는 하나라도 더 얻을 게 없나 눈에 불을 키고 찾게 되었다.

정부 지원 범위는 생각보다 굉장히 넓다. 그 범위는 여성들에게 유용한 임신, 출산부터 육아, 청소년 교육 지원, 고용 지원, 생활 지원, 창업 지원, 사업 지원, 주거 지원, 의료비 지원, 학자금 지원, 사업 자금까지 생활 전반적인 곳에 있다.

나에게 해당이 되는 것도 있지만, 분명 안 되는 항목도 있다. 해당이 되어 혜택을 본다면 정말 감사한 일이지만, 혜택을 못 받았다고 아쉬워하지 말자. 기회는 다음에 또 있고, 내가 못 받은 혜택은 나보다 조금 더 힘든 이들에게 기회가 간다.

매년 조금씩 바뀌기도 하는 정부 지원이다. 꼼꼼히 발품을 팔아서라도 받을 수 있는 혜택은 챙겨 보도록 하자.

〈정부 지원 정책 알아두면 도움이 될 만한 사이트〉
임신육아종합포털 아이사랑 www.childcare.go.kr
복지로 www.bokjiro.go.kr
여성가족부 www.mogef.go.kr
보건복지부 www.mohw.go.kr
K-스타트업 www.k-startup.go.kr (정부지원 사업 공고 사이트)
기업마당 www.bizinfo.go.kr (정부지원 사업 공고 사이트)

임신 혹은 출산 예정자라면 보건 사업은 꼭 챙겨야 한다. 해당 지역 보건소 사이트에 접속해 보면, 각 지역별로 다양한 보건 혜택을 확인할 수 있다. 특히 임산부에게 많은 도움을 주는 모자 보건, 예방 접종, 산후 도우미, 출산 장려금, 신생아 청력 검사 등은 미리 알고 있다면 톡톡히 챙길 수가 있다. 방문 전에 관할 보건소에 문의해서 필요한 서류를 챙겨 가면 방문 당일 바로 신청할 수가 있다.

이외에도 다양한 정부 지원 정책을 잘 알아두어 내가 받을 수 있는 혜택은 꼭 챙겨 보도록 하자. 정부 정책을 이용하는 건 창피한 일이 아니라 당연한 권리이다. 요즘 엄마들 좋은 것은 서로 공유를 안 하는 특성이 있다. 혼자만 몰라서 바보처럼 있지 말고, 내 실속은 내가 챙겨 보자.

PART 2

흔들리는 엄마

- 그만, 아프단 말이야.
- 내 인생의 기회는 도대체 언제 오니?
- 남보다 못한 사이
- 나 홀로 혼여
- 두 번째 사랑과 썸 타자
- 달콤한 상상

그만,
아프단 말이야

"너의 길을 가라. 남들이 무엇이라 하든지 내버려두라."
— 단테(이탈리아 시인)

"아버님은 내가 싫으신 건가? 왜 나한테만 그러시지?"

명절에 시댁에 다녀온 후다. 어느 집이나 명절에 조용히 넘어가는 날이 없듯이 우리 집도 마찬가지였다. 둘째가 태어나기 전 시댁에 다녀올 때마다 기분이 좋지 않았다. 혼자 속상한 마음에 속마음을 남편에게 털어놓았다.

"아버님은 내가 싫으신 건가? 왜 나한테만 그러시지?"
"왜 또?"
"아니, 내가 예전에도 말했잖아. 꼭 나 보시면, '애 옷 이런 거 입히면 안 좋다, 애 신발은 이런 거 말고 다른 거 신겨라.' 하시잖아. 나만

보면 애들 트집 잡는 것 같아서 기분이 별로 안 좋아. 볼 때 마다 항상 그러시잖아."

"아버지 원래 말 그렇게 하시잖아."

"아니야. 아가씨들에게도 그러면 나도 이해하겠는데, 아가씨들이나 조카들에게는 한 번도 그렇게 말씀하시는 거 못 봤어, 나한테만 그러서. 내가 딸이 아니라 며느리라서 그런가?"

이야기를 꺼낸 것은 서운한 마음에 남편이 내 이야기를 좀 들어줬으면 하는 하소연이었다. 하지만, 집안 이야기는 누구나 예민한 사항이어서일까? 남편은 갑자기 화를 내면서 내가 오히려 이상하다고 반발을 하기 시작했다. 나는 더 화가 나서 쏘아 붙였다.

"내가 뭐 어떻게 해달라고 했어? 그냥 이러이러하다고 얘기하는 거 아니야. 나는 하소연도 못 하나? 시댁 이야기 자기한테나 하소연하지 내가 어디 가서 하소연하나? 좀 들어 주면 안 돼? 들어 주면 끝나는 걸 왜 화를 내?"

내가 이렇게 얘기하자, 그때 남편도 아차 싶었는지 목소리를 낮추며 말을 이었다.

"그런 거야? 알았어. 내가 이야기 못 들어 줘서 미안해. 네가 이해 좀 해. 아버지 원래 말 그렇게 하시잖아. 아마 표현이 그런 것뿐일 거야."

그 이후로는 시댁에 가도 아버님 말씀에 신경 안 쓰려고 애를 썼다.

아버님이 우리를 대하는 사랑 표현이라 생각하기로 되레 바꿔 생각했다. 그 전에는 아버님이 말씀하시면, 아무 말 못하고 가슴 속으로만 끙끙댔었다. 생각을 바꾼 이후로는 아버님이 애 트집을 잡으시면 그에 대한 대답을 꼭 드렸다.

"아버님, 이거 옷에 원래 붙어 있는 거예요. 이런 거 하나도 까끌까끌하지 않아요. 까끌까끌하면, 애가 안 입는다고 하는 걸요. 걱정하지 마세요."

라는 식으로 말했다. 언제부터인가, 내가 그렇게 말씀드리자 항상 아이 트집을 잡으시던 아버님도 점차 그러지 않으셨다. 직접 말하고 나니 가슴도 덜 답답했고, 아버님에게 안 좋은 편견을 가지고 있던 것도 많이 바뀌었다.

상처도 생각하기 나름이다. 저것이 나에게 상처라 생각하고 고정시켜버리면, 정말 상처가 되는 것이다. 내가 꽁꽁 싸매고 있다면, 상처의 응어리는 그대로 굳어진다. 아픈 상처를 혼자 끌어안는다고 낫는 게 아니다. 되레 더 썩기 마련이다. 남편이 알아주기만을 기다리다가는 세상 끝나도 그런 날은 오지 않는다. 남자들은 말을 해 주지 않는 이상 모른다. 내가 먼저 이야기를 꺼내야 한다. 아프다고, 속상하다고, 위로해 달라고······.

남편의 입장에서 아내의 마음을 잘 표현한 『남자심리학』의 내용 중 일부이다.

"우리 남자들은 시댁과 아내 간의 다툼에서 큰일이 아니면 아내가 참아 주기를 바란다. 하지만 아내에게는 그 사소한 일이 큰 상처가 되고, 남편에게서 치유를 받고 싶어 한다. 만약 남편이 아내의 상처를 모른 척하면 아내는 시댁에서 받은 상처보다 더 큰 상처를 받게 된다. 여자의 마음은 갈대라고 하지만, 결혼 후 여자의 마음은 언 개울가로 변한다. 남편의 말 한마디로 언 개울을 녹일 수도 있고, 돌팔매질로 산산조각을 낼 수도 있다."

― 〈남자심리학〉, 우종민 저, 리더스북, 2009, 215쪽

진짜 남자들, 남편들에게 해 주고 싶은 이야기이다. 제발 아내의 외침을 잘 들어 달라고, 나 또한 가족 이야기 할 때마다 예전엔 자주 다투기도 했다. 이대로는 안 될 것 같아 날 잡고 대화를 했다.
'내가 가족 이야기를 꺼낼 땐 당신이 뭘 해결해 주길 원해서 얘기하는 것도 아니고, 그냥 내 마음을 알아달라고 표현하는 것뿐이다. 제발 아무 말 하지 말고, 들어주기라도 해라! 그래야 내 마음이 좀 풀린다.'
라고 이야기 했다. 남편은 이후로 나의 마음을 다는 아니더라도 조금은 이해하는지 노력하는 모습이 보였고, 우리의 다툼이 조금은 줄어들었다.

우리 집 안방 문 앞에는 출처를 알 수 없는 부부 대화법이 A4 용지 한 장으로 코팅되어 붙어 있다. 한창 자주 싸울 때 답답한 마음에 내가 인터넷에서 찾아 출력해 코팅까지 해 놓고, 자주 읽어 본 것이다.

아이들도 그렇듯이, 남편을 먼저 바꾸려 하지 말고, 나부터 바뀌면 남편의 대화도 조금은 달라질 수 있다.

우리 집 안방에 붙어 있는 부부 대화법이다.

<부부 대화법 10가지>
1. 대화를 하려고 서로 적극적으로 노력한다.
2. 미리 판단하지 말라.
3. 당신의 생각을 덧붙이지 말라.
4. 내가 들은 것이 그가 이야기한 것의 전부라 생각하지 말라.
5. 상대방이 어떤 말을 하든지 당신의 마음을 닫지 말라.
6. 상대방의 말을 끝까지 들어라.
7. 서로 공평하게 말을 들어 주어라.
8. 반응을 보여라
9. 눈을 마주 보며 이야기 하라.
10. 나의 이기심 때문이다.

오늘 당장 남편과 마주 앉아 대화를 해 보자. 꽁꽁 싸매고 있다고 좋아지지도 않고, 알아주지도 않는다. 단, 대화할 때 나 자신은 철저히 내려놓고 상대의 이야기를 먼저 들어 주어야 한다. 여자는 남편이 두 눈을 바라보며 진지하게 이야기를 들어 주는 것만으로도 응어리진 마음이 풀리는 경우가 많다.

`안 좋은 일은 나눠서 없애버리라는 옛말도 있지 않은가. '쿨'하게 털어 버리자. 아무것도 아니라고, '쿨'하게. 아무것도 아니라고 생각하면, 이상하게도 정말 아무것도 아닌 것이 된다. 가슴에 담아 두어 봐야 나만 아프다. 내가 아파 봐야 알아주는 사람도 없다. 이제부터라도 소심한 여자가 아닌 '쿨'한 아내, 엄마, 며느리가 되자.

흙에 새긴 글씨는 물에 젖으면 없어진다. 우리 내면의 상처도 부드럽게 다스리면 아문다.

— 도교

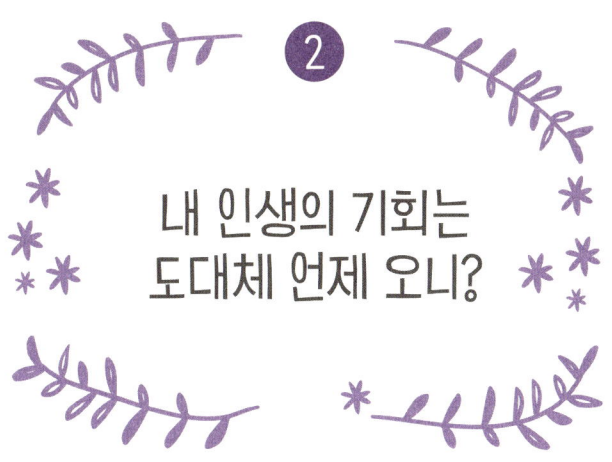

내 인생의 기회는 도대체 언제 오니?

"기회가 왔을 때 잡을 준비가 되어 있는 것, 그것이 바로 성공의 비결이다."
— 벤자민 디즈레일리(영국 정치가)

기회는 특별한 사람들에게만 오는 것인가?

그렇지 않다. 기회는 항상 기회의 얼굴로 오지 않기에 알아차리지 못할 뿐이다. 평범한 사람들은 흔히 '나에겐 기회가 언제 오지?'라고 생각할지도 모른다. 하지만 누구에게나 기회는 온다. 그리고 이미 몇 번의 기회가 지나갔을지도 모른다. 기회는 눈 깜짝 할 사이에 찾아온다. 자신이 그 기회를 눈치 채지 못하고, 날려버리는 것이다.

육아를 하면서 재취업의 기회를 잡은 친구의 이야기다. 결혼 전부터 아이들을 무척이나 예뻐했던 친구는 결혼 후 아이가 생기면서 본격적으로 육아를 시작했다. 아이들과 함께 있는 시간을 그 어느 때보다 행복하고 좋아했다. 친구는 항상 무엇보다 아이들을 우선시 했다. 아이들을 키우면서 나름의 육아 노하우도 많이 생긴 친구는 아이들을 돌볼 수 있는 보육 교사의 꿈을 점차 키웠다. 친구는 생각에 그치지 않고 그때부터 바로 보육 교사 자격증 공부를 시작했고, 열심히 준비한 친구는 합격했다.

당시 친구의 아이들이 다니던 어린이집에서 마침 선생님을 추가 모집하고 있었고, 평소 친구를 좋게 본 원장님께서 친구가 보육 교사 자격증을 취득한 것을 아시고 바로 채용을 했다. 아이들을 돌보면서 한 지붕 아래에서 내 아이까지 틈틈이 볼 수 있는 보육 교사의 꿈을 이룬 것이다.

평소 아이를 예뻐하던 친구가 적성에 잘 맞는 재취업에 성공할 수 있었던 것은 첫째는 자신의 적성을 잘 찾은 때문이고, 둘째는 기회를 잡기 위해 미리 준비한 때문이다. 친구는 당시 자신의 아이들이 다니던 어린이집이 아니어도 더 좋은 곳으로 취업을 할 수 있었을 것이다. 그럴 수 있었던 것은 미래를 보고 미리 준비한 결과이다. 준비가 되어 있어야 오는 기회를 잡을 수 있다.

무작정 하루하루 열심히 살아가는 것도 중요하지만, 지금 내가 미래를 위해 준비해야 할 것은 무엇인지 한 번씩 생각해 보는 시간을 가져보도록 해야 한다.

상추로 매출 100억을 올린 것으로 유명한 장안농장의 대표 류근모 사장의 사례를 한번 보자. 그가 처음부터 상추로 매출 100억을 얻었을까? 모두가 안정적인 위치가 되는 나이 마흔. 그는 나이 마흔에 사업이 망해 시골로 귀농했다. 그는 농업에서 남들보다 늦은 후발 주자로 시작했다. 나이 마흔에 처음부터 새로 도전한 것이다. 그는 시골에서 300만 원이란 종자돈으로 친환경 채소농사를 짓기 시작했다. 당시로는 친환경 채소에 대한 인식이 부족했던 터라 농약이나 비료를 쓰지 않은, 몸에는 좋을지 몰라도 못생긴 유기농 채소가 잘 나갔던 건 아니다.

　하지만 미래를 내다 본 류근모 사장은 국내 최초로 미국 농무부 인증까지 받아 상추로 100억 원의 매출을 올리며 유기농 쌈 채소 기업을 일으켰다. 그는 상추뿐만 아니라, 다른 쌈 채소들도 유기농 기법으로 농사를 지어 현재는 잘 나가는 유기농 기업가가 되었다.

　남들이 모두 농업으로 성공하긴 힘들 거라 할 때 그는 포기하지 않고, 기회를 보며 끝까지 노력하고, 싸웠다. 류근모 사장이 사업이 망했을 당시, 계속 신세 한탄만 하고 있었다면, 상추 100억 매출을 올리는 지금의 류근모 사장은 없었을 것이다.

　기회는 위기에 찾아온다는 말을 한 번쯤 들어보았을 것이다. 기회는 위기라는 가면을 쓰고 우리에게 찾아온다. 위기를 그냥 위기로 보지 말고, 전화위복의 기회로 삼아야 한다. 기회를 잡으려면 어떻게 해야 하는 것인가. 기회는 분명 운도 따라야 한다. 하지만 준비된 자만이 기회를 잡을 수 있다.

위기를 극복하는 능력이 뛰어났던 故정주영 회장.

그는 어려서부터 서울에 로망을 품고 있었다. 서울로 가기 위해 수차례 집을 나갔다가 잡혀 오기를 반복했다. 결국 4번의 시도 끝에 집에서 탈출(?)을 성공한 정주영은 작은 쌀가게 점원으로 일하게 되었다.

쌀가게 일을 하면서 정주영의 성실한 면을 좋게 본 쌀가게 사장이 정주영에게 가게(경일상회)를 물려주었다. 하지만 우열곡절 많았던 4년의 쌀가게 일도 조선총독부의 쌀 배급제 실시로 더 이상 계속할 수 없게 되었다. 그로인해 그의 인생은 또 한 번의 기회를 맡는다.

1940년 그는 쌀가게를 운영하면서 신임을 얻었던 정미소 사장의 도움으로 자동차 정비 공장을 인수하게 된다. 그의 신용만을 믿고 돈을 빌려주었던 것이다. 순탄할 것만 같았던 자동차 정비 공장은 어느 날 직원의 실수로 화재가 나면서, 정비 공장뿐만 아니라 수리 맡긴 손님들 차까지 모두 타버렸다. 정비 공장을 인수하면서 빌렸던 돈도 아직 못 갚은 상태에서 빚만 늘어난 것이다. 한 순간에 그를 믿고 있던 직원들까지 길 거리에 나 앉는 신세가 되어 버렸다. 그는 거기서 주저앉지 않았다.

새로운 방법을 모색하기 위해 다시 일어섰다. 그는 처음 자동차 정비 공장을 차릴 때 돈을 빌렸던 정미소 사장을 다시 찾아갔다. 정미소 사장은 흔쾌히 돈을 또 한 번 빌려 주었고, 그는 다시 일어설 수 있었다. 화재가 난 이후 자동차 정비소는 더 잘 되었다. 마치 손님이 불붙듯이 늘어만 갔다. 타 업체에 비해 빠른 업무 처리가 입소문을 타면서, 단골손님은 계속 늘어났다. 그렇게 정비 공장을 다시 차린 지 3년 만에 빌린 돈과 이자까지 모두 갚을 수 있었다.

쌀가게 점원 > 22살 쌀가게 인수 > 4년 동안 쌀가게 운영 > 조선총독부의 쌀 배급제 실시로 모든 쌀가게 폐점 > 새로운 사업 도전 > 자동차 수리공장 인수 > 자동차 정비소 화재 > 재기 성공

이후에도 정주영 회장은 많은 위기에서 다시 재기하고 일어났다. 1965년 태국 파티니-나라티왓 고속도로 건설 공사를 수주하여 한국 최초로 해외 진출에 나섰다. 하지만 국내와는 많이 달랐다. 환경도 언어도 달랐고, 많은 차이가 있었다. 그는 이 공사로 결국 적자를 봤다. 하지만 이 공사 경험은 훗날 우리나라 경부고속도로 건설을 성공으로 이끄는 밑바탕이 되었다.

정주영 회장. 아마 그는 뼛속까지 자수성가의 피가 흐르고 있었던 듯하다. '어떻게 그런 생각을 할 수가 있지?'라는 생각이 저절로 들 정도로 그의 성공 스토리는 정말 많다. 존경하지 않을 수 없는 인물이

다. 위기가 찾아 올 때마다 헤쳐 나가는 능력, 위기가 올 때마다 주저앉지 않고 항상 새로운 묘책을 찾았던 정주영 회장이 있어 지금의 현대가 있을 수 있었던 것이다.

 다른 사람의 성공을 보고 아직도 부러워만 하는가. 부럽지 않다면 거짓말일 것이다. 하지만 부러워하기 전에 나는 그만한 노력을 했나 한 번 뒤돌아 보자. 분명 그들은 그만큼 노력을 했고, 순간의 기회를 잘 잡은 것이 분명하다. 내 인생, 한탄만 하지 말자. 내 인생, 기회를 잡으려면 준비를 해야 한다. 준비된 자는 기회를 언제든지 잡을 수 있다. 준비 되지 않으면, 기회가 눈앞에 있어도 잡을 수 없다.
 남의 성공을 부러워하는 사람이 아닌, 남이 나를 보고 부러운 대상이 되도록 노력하자. 안 될 거라 미리 판단하지 마라. 해 보았는가? 길은 여러 길이 있다. 첫 번째 방법이 안 되면, 두 번째 방법, 세 번째 방법을 생각해 보라.

 발명왕 토머스 에디슨은 "대부분 사람들이 기회를 알아보지 못하는 것은 기회가 가면을 쓰고 문을 두드릴 때가 많기 때문이다."라고 했다. 지금 내가 이기지 못할 기회가 왔다 생각하자. 아니 왔다. 위기 극복의 달인 정주영 회장처럼 다른 묘책은 없는지, 다른 도전으로 지금 이 위기를 벗어날 수 있는지, 한 번 창의적으로 생각해 보자. 그러기 위해선 먼저 누구보다 자신을 믿어야 한다. '난 성공할 수 있다.'고 믿어야 한다. 열심히 노력하면 기회는 반드시 온다. 열심히 노력해도 기회가 안 온다면, 새로운 기회를 찾으면 된다. 그래야 결정적인 기회에 적극적으로 행동으로 옮길 수 있다. 열심히 노력해서 기회가 왔는데도 우물쭈물하다가는 그 기회는 금방 사라져 버린다.

　나무를 잘 베기 위해선 어떤 방법이 좋을지 한 번 생각해 보자. 하루 종일 무작정 도끼질을 한다고 나무를 잘 벨 수 있는 것은 아니다. 일하는 도중 잠깐씩 쉬면서 칼날을 가는 것이 더 현명한 것이다. 그렇게 잘 갈아진 칼날은 잠깐의 휴식이 무색할 만큼 더 많은 양과, 더 정확하게, 더 신속하게 나무를 벨 수 있게 해준다.
　무작정 앞으로 달린다고 답은 아니다. 급하면 넘어지기 마련이다. 넘어졌을 때 다시 한 번 살피자. 이 길이 맞는 것인지, 나의 방법이 옳은 것인지, 다른 더 좋은 방법은 없는 것인지.

　전화위복轉禍爲福이라는 말이 있지 않은가. 화가 바뀌어 오히려 복이 된다는 뜻이다. 지금의 실패 혹은 위기를 전화위복 삼아 내 인생 역전의 기회가 되도록 하자.

남보다 못한 사이

"행복한 결혼 생활에서 중요한 것은 서로 얼마나 잘 맞는가보다는
다른 점을 어떻게 극복해 나가는가이다."
— 레프 톨스토이(러시아 소설가)

어느덧 결혼 10년차. 참 많이도 삐걱거리며 여기까지 왔다.

아직도 많이 삐걱거리지만 처음 신혼 때에 비하면 양반이다. 연애할 때는 얼굴을 붉힐 정도로 다툰 적 한 번 없었는데, 결혼을 하자마자 우리 부부싸움은 시작 되었다. 역시 '결혼은 현실이구나.' 제대로 실감 할 수 있었다.

결혼 전에는 결혼만 하면 힘든 것 없이. 뭐든지 해줄 것 같았던 든든한 남편이 지금은 '내가 언제 그랬냐.'이다. 집안일만 해도 그렇다. 남편들은 일부러 그러는 척하는 건지, 아니면 그런 유전자가 남자들에게 본래 있는 건지. 부탁하는 일마다 허술하다.

한번은 빨래를 널어 달라 부탁한 적이 있다. 큰 빨래부터 탈탈 털어서 옷 크기에 맞춰서 널어주면 좋을 텐데, 큰 옷, 작은 옷 뒤죽박죽이다. 그러니 나중엔 빨래는 아직 다 못 널었는데, 빨래 널 공간도 부족하다.

할 일은 많고 손이 부족하여 좀 거들어 달라 부탁한 건데, 빨래와 씨름하고 있는 남편을 보고 있자면 뒷골이 더 땅긴다. 결국은 다시 걷어내고 내가 널어야 한다.

신혼 초에 양말 뒤집어 벗어 놓는다고 싸웠는데 지금도 가끔씩 그러는 걸 보면 내가 무뎌져야 하는 건지. 남자들이란 정말 이해가 안 된다. 이제는 아들 녀석까지 양말을 뒤집어 벗어 놓는 통에 내가 미칠 지경이다. 만만한 아들 녀석에게 남편 몫까지 짜증을 낸다.

부부싸움을 안 하는 이들은 없을 것이다. 정말 싸우기조차 싫고, 대화도 하기 싫을 때도 있다. 대화가 안 되기 때문이다. 이는 남자와 여자가 대화하는 방식이 틀리기 때문이다.

여자들은 대화할 때 경청, 공감, 소통을 가장 중요하게 생각한다. 하지만 남자들은 여자들이 이야기만 꺼내면 다 듣지도 않고 대충 묻는다. '그래서?' 그래서가 아니다. 다 듣지도 않고 결론부터 내리려고 하니 문제다. 여자들과 대화는 그냥 들어주기만 하고, 공감만 해줘도 대화의 진행이 원활해진다. 남자들은 그런데 얘기만 꺼내면 문제를 해결하고 결론부터 내리려 한다.

인터넷에서 떠도는 짧은 강의 하나가 있다.
남자가 여자와 대화를 원활하게 하려면 4가지의 언어만 구사하면 된다.
'진짜? 정말이야? 웬일이야? 헐!'이다.

여자가 남자에게 말한다.
"나 오늘 신도림 역에서 영숙이 만났다."
남자의 대답은 간단하다.
"그래서?"
여자는 이 이야기를 왜 남자에게 했을까? 신도림 역에서 영숙이를 만난 게 그냥 신기해서 얘기한 것이다.
그런데 남자는 이해할 수 없다. '왜 나에게 그 얘기를 한 거지?' 남자들 반응은 거의 다 이러하다. 이 글을 읽는 당신이 남자라면, 이해가 안 갈 것이다. 하지만 여자들에게,
"나 오늘 신도림 역에서 영숙이 만났다."
라고 얘기하면, 여자들은 이렇게 말한다.
"정말이야? 웬일이야. 헐!~"
이유가 없다. 여자들에겐 그 일 하나로 놀라운 것이다. 여자들은 무슨 이야기를 할 때. 결론을 바라고 얘기하는 것보다 그 사건에 대해 관심을 가져 주고 공감해 주길 바란다.

남자와 여자의 반응은 다르다. 남자들은 이야기를 들어주기만 하면 되는 것을 결론부터 내리려하는 경향이 있기 때문에 다툼이 생기는 것이다. 몇 가지 대화의 사례를 더 보자.

옆집 여자가 이번에 벤츠를 뽑았지 뭐야?
남자들 반응: 그래서. 너도 사달라고?
여자들 반응: 웬일이야 ~
오늘 철수가 학원에서 친구랑 싸웠데.
남편들 반응: 그래서. 병원비 달래?
여자들 반응: 정말이야?

위의 몇 가지 대화 사례를 살펴보면 여자와 남자의 대화 방식에는 확연한 차이가 있다. 대화 방식만 달라져도 부부싸움은 크게 줄일 수 있다.

몇 해 전 케이블 TV 프로그램 중 〈그 여자 그 남자〉라는 게 있었다. 이혼 위기의 부부들의 사례를 살펴보고 문제점들을 파악하여 제작진이 도와주어 이혼위기에서 벗어나는 프로그램이었다. 남 이야기 같지 않아 거의 모든 회를 빼 놓지 않고 보았다.

결론부터 이야기하면, 그 프로에서 대부분 부부 관계의 문제는 대화였다. 서로 대화가 통하지 않는 부부. 각자 자기 이야기만 하고, 상대방의 이야기는 듣지도 않고 외면하거나, 무시하는 등이 다수였다. 그런 부부들이 심리 치료 등을 받으면서, 서로의 이야기를 들어주게 되고, 대화 방식만 바뀌었을 뿐인데, 부부 관계가 많이 개선되었다.

 남녀 관계에서 대화 방식이 그 만큼 중요하다. 가까운 사람일수록 더 서로 존중해 줘야 하는데, 대부분의 사람들은 소중한 내 가족에게 더 상처를 주고 있다.

 한 공익광고에서 가족의 이중성(?)을 절묘하게 잘 표현한 것을 보고 크게 공감한 적이 있다. 바로 한국방송광고공사 공익광고협의회에서 제작한 '가족의 가치' 편이다.

 사원 김아영은 상냥하지만 딸 김아영은
 (밥 먹으면서 엄마 묻는 말에) "아, 몰라도 돼."
 꽃집 주인 이호진은 친절하지만 엄마 이호진은
 (청소기 돌리며 방해되는 아들에게) "이것 좀 치워 봐."
 친구 김범진은 쾌활하지만 아들 김범진은
 (과일 한 번 먹어 보라는 아빠에게) "아이, (안 먹어.)"
 부장 김기준은 자상하지만 남편 김기준은
 (무거운 짐 들고 오는 아내에게 멀찌감치 떨어져서) "아, 빨리 와."
 밖에서 보여 주는 당신의 좋은 모습. 집 안에서도 보여 주세요.

 이 공익광고를 처음 접했을 때, 100% 아니 200% 공감했다. 아마 모든 이들이 저렇게 양면성을 보이지 않나 생각했다. 부부 관계도 마찬가지이다. 처음 연애할 때는 잘해 주고 자상하던 남편이 무관심한 남편으로 달라진 거다.

내가 아무렇지 않게 한마디 내뱉는 말과 행동이 내 가족, 내 아내, 남편에게 상처를 주지는 않는지 내 자신을 돌아봐야 한다. 서로 상처 받는 걸 알면서도 그런다면 부부싸움은 그때부터 되돌아올 수 없는 파국으로 치닫는 것이다.

애정이 없다면 다툼도 없다. 부부싸움은 하는 게 정상이고, 다퉈야 풀어질 수 있는 것이다.

'우리는 사이가 좋아. 부부 싸움을 안 해!'

말도 안 되는 소리다. 이는 분명 어느 한쪽이 힘들게 참고 견디고 있다는 소리다. 얼마나 위험천만한 일인가. 얼마나 참을 수 있을까? 얼마나 버틸 수 있을까?

옛날 우리 아버지, 어머니 세대들이 그러하다. 우리 어머니도 그랬다. 젊어서는 남편이 바람을 펴도 참고, 남편이 술을 먹어도 참고, 남편이 때려도 참고, 여자는 무조건 참아야 된다고 알고 있다. 그렇게 반평생을 참아온 어머니들은 과연 행복했을까?

그렇지 않다. 우리 어머니들은 평생을 참고 있었다. 그 속은 얼마나 문드러졌을까? 왜 아이들 다 키워 놓고, 괜히 이혼을 발표하는 황혼이혼이 늘어났을까? 더 이상을 참을 수 없기에 폭발하는 것이다. 그때 우리의 아버지들은 황당하다고 말하는 이들이 많다. 아무 문제없이 여태 살았는데, 무슨 이혼이냐고. 그건 남자들 생각이고, 누가 문제없다 했는가. 여자들이 그렇게 오랜 세월 참고, 말을 안 했으니, 남자들이야 뒤통수 맞았다고 생각하는 것도 틀린 것은 아니다. 양쪽의 말을 다 듣지 않고서는 정말 아무 문제없는 부부인지 모르는 법이다.

안 싸운다고 좋은 것만은 아니다. 그 상처는 언젠간 곪아 터지게 마련이다. 당신과 나. 남부러운 사이는 못 되더라도, 남보다 못한 사이는 되지 말아야 한다. 참는다고 끝이 아니다. 속 후련하게 이야기 하자. 알아듣던 못 알아듣던, 내 이야기를 해라. 나도 사람이라고, 나도 할 말 있다고, 서로 허심탄회하게 있는 그대로를 이야기 하다보면 또 풀리는 게 부부사이다.

4
나 홀로 혼여

"자세히 보아야 예쁘다. 오래 보아야 사랑스럽다. 너도 그렇다."
— 나태주, '풀꽃'

혼밥
혼영
혼술
혼미
혼쇼

이게 무슨 말인지 생소한 사람들도 있을 것이다. 최근 1인 가구가 늘면서 생긴 신조어이다. 바로 혼밥(혼자 밥 먹기), 혼영(혼자 영화 보기), 혼술(혼자 술 마시기), 혼미(혼자 미용실 가기), 혼쇼(혼자 쇼핑 하기)의 줄임말이다.

예전에 비하면, 요즘은 혼자 하는 것에 대한 거리낌이 많이 낮아졌다. 예전에는 혼자 무언가를 한다는 걸 엄두도 못 내던 사람들도 많았다. 나 또한 20대에는 혼자 밥 먹는 게 힘들어서, '차라리 굶는 게 낫겠다.' 생각한 적이 많았었다. 남들이 날 어떻게 볼지, 그 시선을 견딜 용기가 없었다. 하지만 그것도 예전이야기다. 요즘엔 1인 가정이 늘면서, 혼자서 하는 이들을 자주 보게 된다.

최근 아르바이트 전문 포털 사이트 '알바천국'과 취업 검색 엔진 '잡서치'가 공동으로 전국 성인 남녀 1,405명을 대상으로 실시한 '나 홀로족 의식 조사'에 따르면 '자신이 나 홀로족에 가깝다'고 생각하는 이가 78.3%나 되었다.
연령별로는 20대(78.3%), 30대(82.9%), 40대(82.9%)는 대부분이 자신이 나 홀로족에 가깝다고 생각하고 있었으나, 50대는 이보다 현저히 낮은 58.5%에 그쳐 시선을 끌었다.

나 홀로 지내는 매력에 빠지면, 나오기가 싫다. 처음이 어색하지. 오히려 다른 사람 신경 쓸 일이 없어 그 어느 때보다 편하다. 하지만, 누구나 처음은 어렵다. 나또한 처음부터 혼자 잘 지냈던 건 아니다. 지금은 가족이 있고, 한 가정의 엄마이지만, 난 혼자만의 시간도 잘 즐기는 편이다. 아이들 보느라 너무 지칠 때면, 남편에게 아이들을 맡기고, 몇 시간씩 나의 시간을 즐기기도 한다.

아줌마가 되면서, 가장 좋은 것은 조금 단단해졌다는 것이다. 모르는 사람과도 스스럼없이 말할 수 있는 아줌마가 되었고, 모르는 식당에 가서 혼자 밥을 시켜 먹을 수 있는 용기가 생겼고, 혼자 훌쩍 떠날 용기가 생겼다는 것이다. 결혼 전에는 혼자 한다는 걸 엄두도 못 내었던 것들이 이젠 아무렇지 않게 나의 일상이 되어 버렸다. 하지만 아직도 사람들이 혼자 밥 먹는걸 가장 힘들어 한다. 나도 처음 혼자 밥을 먹기로 용기 내었던 일을 아직도 기억한다.

결혼 후 첫 아이를 가졌을 때였다. 외출을 나선 길이었다. 임신하면 정말 수시로 배가 고프다. 방금 먹었는 데도 뒤돌아서면 또 배가 허기가 진다. 정말 신기하다. 보통 비상식량으로 빵이나 과자들을 가방에 넣고 다니는데, 그날은 가방도 텅텅 비었고, 아무것도 없었다. 정말 배가 고팠다. 그때 혼자 처음으로 밥을 먹어야겠다, 결심했다. 주변을 살폈다. 식당이 몇 군데 보이기는 했으나 선뜻 발걸음이 떨어지질 않았다.

다행히 점심시간이 좀 지난 3~4시경이라 식당엔 좀 한산한 시간대라 용기를 내어 제일 한산해 보이는 식당으로 들어갔다. 식당엔 아무도 없었다. 오히려 더 편했다. 식당아주머니는 임산부가 혼자 밥 먹으러 왔다고, 알뜰히 살뜰히 더 잘 챙겨 주셨다. 덕분에 더 편하게 음식을 먹을 수 있었다. 어떤 음식을 먹었는지 정확히 기억은 안 난다. 배도 고프고 처음 혼자 밥 먹으러가서 어색하기도 하고, 밥을 제대로 먹고 나온 건지 정신도 없었다.

　그 이후로는 혼자 밥 먹는 게 조금은 두렵지 않게 되었고, 밥도 잘 먹고 다닌다. 이제는 남을 의식하지 않고 잘 먹는다.

　요즘엔 식당에 가도 의외로 혼자 밥 먹으러 오는 이들이 많아졌다. 서울 한복판 강남에 있는 식당에 가면 혼자 온 사람들을 위한 1인용 창가 좌석은 항상 만원이다.
　혼자 하는 것에 익숙해지면 누구와 같이 있을 때와 다른 오롯이 나의 시간이 된다. 그래서 나는 혼자 있는 시간이 좋다. 방해 받지 않는 나만의 시간. 혼자 집중할 수 있는 시간.

　혼자. 둘이. 여럿이 정답은 없다. 하지만 혼자의 시간을 가져보지 못한 사람이라면, 한번쯤 혼자 해 보는 것도 나쁘지 않다. '혼자 영화 보기' 해 보았는가? 아직도 혼자 영화를 못 봤다면 지금 당장 영화표부터 예매하라. '혼자 영화 보기' 매력에 푹 빠지게 될 것이다.

　영화를 처음으로 혼자 보게 된 건 우연한 기회였다. 20대 중반 여권을 만들러 시청에 갔는데, 번호표 뽑고 대기시간이 4시간이나 되었다. 당시 전자여권제도가 우리나라에 처음 도입되면서 그전과 달리 본인이 직접 여권을 신청해야 했다. 그로 인해 많은 사람들이 새 여권을 만들러 몰려들었기 때문이었다.
　그날은 친구와 겨울에 해외여행을 가기로 해서 미리 여권을 만들러 날 잡아 나왔다. 아침 일찍 나왔는데, 대기 번호는 4시간 이상 기다려야 한다는 것이다. '뭐 하면서 4시간을 기다리지. 미용실에 갔다 올까?' 하다가, 바로 옆에 극장이 눈에 들어왔다. '그래 이참에 혼자 영화나 한번 보자.' 하고 바로 극장으로 갔다. 영화관은 아침 조조 시간대라 사람도 없었다. 덕분에 한적하게 영화를 봤다. 그때부터 혼자 보는 영화에 푹 빠지게 되었다.

혼자 영화 보기가 두려운 사람이라면, 평일 낮 시간대를 이용하라. 평일 낮에 영화를 보러 오는 사람은 그다지 많지 않다. 하지만 시간이 안 된다면, 조조 시간이나 심야 시간을 활용하는 것도 좋다.
평소 혼자 지내지 못한 사람이라면, 혼자 무엇을 할 때, 외롭다거나, 심심하거나, 처량하다는 생각을 할 수 있다. 혼자 있어 보지 못해 많이 남는 시간에 무엇을 할지 몰라서이다. 하지만, 이내 혼자의 시간에 적응하면, 시간은 물 흐르듯 금방 지나간다.

혼자 있는 시간을 즐기는 이는 혼자의 여행도 겁내지 않게 된다. 혼자 떠나는 여행이 아무래도 두렵다면, 혼자만의 시간을 가져보는 여행 연습부터 가져 본 후 떠나는 것이 좋다.
하루 날을 잡아 나와의 데이트를 시작하라. 혼자 쇼핑도 하고, 서점에 가서 책도 좀 보고, 남의 시선 상관 말고 밥도 먹어 보라. 혼자 밥을 먹는 건 청승맞은 일이 아니다. 남의 눈치 볼일도 아니다. 혼자 있는 시간을 단순히 '시간을 때운다.' 라고 생각하지 말고, 나와의 데이트라 생각하고 이를 즐겨 보자. 나중에는 그 시간이 오히려 부족하게 느껴질 때가 있다.

혼자 무언가를 한다는 건 정말 매력적인 일이기도 하고 성취감도 생긴다. 지금 뭔가 자심감이 없는 상태라면 더더욱 권하는 일이다.

내가 혼자 밥을 먹었어! 혼자 영화를 봤어! 혼자 여행을 왔어! 하나씩 해낼 때마다 성취감과 자신감은 말로 표현할 수 없다. 세상에 혼자 하기 힘든 일은 하나도 없다. 다만, 해 보지 않았기 때문에 두려운 것이다.

〈나를 찾는 나 홀로 데이트 코스 추천〉

1. 커피숍: 커피 한 잔에 음악을 들으며 책을 보라.
2. 드라이브: 차를 몰고 가까운 곳으로 가서 바람을 쐬고 오자.
3. 쇼핑: 한 달에 한 번쯤 나를 위한 투자. 예쁜 옷 하나 사 입자.
4. 미용실, 네일샵: 기분 전환을 위한 헤어스타일, 네일에 변화를 줘 보라.
5. 서점, 만화 카페: 하루 종일 책 무더기 속에 푹 빠져 보라.
6. 노래방: 혼자 고래고래 소리 지르며 노래 부르기. 스트레스 팍팍 풀기.
7. 영화, 연극: 바쁜 일상 속에서 문화생활도 빼먹지 말자.
8. 등산: 느린 걸음으로 한 걸음 한 걸음 정상을 향해. 자연을 느껴라.

9. 공원: 체력적으로 등산이 어렵다면, 가까운 공원에 나가 산책을 해 보자.
10. 스포츠: 당구, 볼링 혼자 연습해서 실력도 쌓아 보자.
11. 마사지, 찜질방: 일상에 쌓였던 피곤을 몸을 이완시켜서 한방에 날려 버리자.
12. 여행: 혼자 놀기 끝판 왕~

혼자 놀기는 늘어놓을 수 없을 정도로 끝이 없다. 혼자 할 수 없는 일은 없다. 혼자 있는 시간이 그냥 흘러가는 것 같지만, 그 속에서 나도 몰랐던 나를 찾을 수 있다.

인간이란, 혼자 세상에 와서 어차피 혼자 떠나는 삶 아닌가. 두려울 필요도 없는 일이다. 아무도 본인을 보지도 않고 의식하지도 않는다. 제발 혼자 '주인공병'에 빠져서 누군가 자기만 보고 있을 거라 생각하지 마라. 아무도 안 본다.

이젠 혼자 있는 시간을 즐겨, 내 안의 나를 만나라.
또 다른 나를 만날 수 있다.

두 번째 사랑과 썸 타자

"신은 도처에 가 있을 수 없기 때문에 인간에게 어머니를 보냈다."
— 탈무드

'뭔가 허전해. 빈껍데기 같아. 내 마음 하나 기댈 곳 없잖아.'

결혼 후 뭔가 허전한, 공허한 느낌. 누구나 한 번은 있을 것이다.
우울증도 아니었다. 공허한 나날을 보낼 때 마침 우리 집 큰아이를 가졌다. 10개월의 기다림 끝에 드디어 만난 아이. 첫 아이라 부모로써 준비도 안 되어 있고, 모르는 것도 많았다. 지금 생각해 보면 하루하루가 우여곡절이었다. 내일은 아이와 무슨 일이 있을지. 또 얼마만큼 아이가 성장할지 오늘보다 더 나은 내일을 상상하며 보냈다.

아이를 돌볼 때는 우울증이 올 겨를이 없었다. 그만한 시간 틈이 없었다. 하루 24시간이 부족했다. 모유수유를 했기에 항상 잠이 부족했고, 아이가 깨어 있을 땐 아이 모습을 한 컷이라도 더 담기 위해 사진을 많이 찍었다. 내 새끼라 그런지 행동 하나하나가 너무 예뻤고 신기했다. 모두 다 사진으로 남기고 싶었다. 그렇게 나의 두 번째 사랑이 다가왔다.

 결혼 전만 해도 아이들을 별로 좋아하지 않는 편이었다. 어린 아기들이 찡찡거리는 소리를 무척이나 싫어했었다. 내 아이가 생기고 나니 상황은 완전 달라졌다. 아이가 우는 건 역시 좋아하지 않았지만, 아이들이 너무 예뻐졌다. 내 새끼는 당연히 예뻤지만 내 아이 또래 아이들까지도 모두 내 새끼 같은 느낌에 예뻐 보이기 시작했다.
 부모라면 자기 새끼가 예쁜 게 당연할 터이다. 그런데 요즘 뉴스에 나오는 아동학대사건을 접할 때마다 정말 이해가 되지 않고, 가슴이 아프다.

 2015년 12월 26일자 『조선일보』 기획 특집에 실린 아동학대사건이다.
 아이가 본인의 말을 듣지 않는다고 폭행과 폭언을 일삼아 결국 아이가 숨진 사건이다. 이웃의 신고로 격리조치 되었다가 3개월 기소유예처분을 받고 집으로 다시 복귀한 뒤로 더 심한 체벌을 아이에게 가했다. 빗자루로 맞고, 발로 밟고, 뜨거운 물을 끼얹어 전신화상을 입은 아이를 이틀이나 그대로 방치했다. 결국 아버지에 의해 병원으로 옮겨졌지만 결국 간 파열에 의한 출혈로 숨졌다.

　우리나라 아동학대는 가정에서 무려 86%나 일어나고 있다. 이게 말이 되는가?
　정말 안타깝다. 최근 들어서 아동학대 문제가 더 화재가 되어 고통 속에 숨진 아이들에 관한 뉴스가 많이 나온다. 가정에서 사랑받아야 할 아이들이 오히려 가정에서 학대 때문에 아파하고 상처 받고, 이제는 죽음의 위협까지 받는 세상이 되어버렸다. 부모도 정상인지 의심스럽다.

　언제부터 우리나라가 이렇게 이웃 일에 매정했는가.……. 옆집 숟가락이 몇 개 인지도 알았던 시절은 다 옛날 얘기이다. 이젠 옆집에 누가 사는지, 윗집, 아랫집 사람 얼굴도 모르고 사는 세상이 되어버렸다. 더 이상 이웃이 아닌 남이 된 세상이다. 남 일은 남 일이다. 내 가족이 아니니 말이다.

　눈에 넣어도 안 아플 만큼 예쁜 아이들이다. 더 이상 아이들의 희생. 죽음은 없어야 한다. 남의 아이도 관심을 갖고 살펴야 한다. 옆집 아이, 윗집, 아랫집에서 제 2의, 제 3의 아동학대사건이 일어나지 않도록 말이다. 세상에 죽기위해 태어난 아이는 없다. 사랑받을 권리가 있는 아이들이다.

사랑은 아름답다. 사랑 중에서도 으뜸 사랑은 자녀사랑이다. 아이에 대한 사랑은 낳을 때부터 시작해 눈을 감을 때까지 지속되며, 어떠한 조건도 바라지 않는다. 그저 내 아이이기에 귀하고 소중하고 우둔한 사랑인 것이다. 이러한 부모의 위대한 사랑이 아이에게 절반, 아니 그 반의 반 만이라도 '그대로' 전해진다면 이 세상에 불행한 아이들은 없을 것이다.

― 『아빠 리더십』, 이보연 저, 삼성출판사, 2007, 205쪽

아동학대 뉴스를 접할 때마다. 집에서 아이들을 훈육할 때. 매를 들었다 놨다 했던 내가 매우 부끄럽게 느껴졌다. 아이들이 매를 맞을 정도로 잘못한건 없다. 다 부모인 내가 화를 감당 못해 아이들에게 화풀이 하는 거나 다름없다. 대부분 아이들은 보통 매 드는 부모가 무서워 잘못을 시인하는 경우가 많다. 정작 자기가 뭘 잘 못했는지 알지도 못하고, 금방 잊어버린다. 이를 알면서도 힘든 게 아이들 훈육이다. 내 아이를 훈육해서 바꾸려 하지 말고, 내 행동부터 되돌아보고 부모인 내가 먼저 바꿔야 우리 아이들도 바뀐다.

우리 집 큰아이와 둘째는 성격이 정 반대이다. 세 살 터울이라 8살 큰아이는 동생을 정말 예뻐한다. 동생 자는 모습만 봐도 예뻐서 어쩔 줄 모르고, 어쩌다 동생 살결한번 만지게 되면 좋아서 입을 다물질 못할 정도로 동생 바보다.

하지만, 둘째 딸아이는 정말 까칠하다. 오빠가 털 끝 하나 건드리는

것도 싫어한다. 본인 물건은 아무것도 만지지 못하게 한다. 둘째라 그런지 아빠가 유독 자기를 예뻐하는 걸 알아서인지. 뭐든 자기가 왕이다. 보통은 첫애 보다 둘째들이 그런 집들이 많다. 우리 집도 예외는 아니다.

우리 집 큰아이는 내가 화를 내면 금방 잘못을 시인하고 잘못했다고 말하는 편이다. 둘째는 아니다. 고집이 얼마나 센지, 본인 입으로 잘못했다 애기 하는걸 무척이나 싫어한다. 화가 나면, 던지고, 때리고, 소리를 지른다. 아직 화가 나면 어떻게 행동해야 하는지 모르는 건지. 고집이 보통이 아니라 그런 건지 모르겠으나 그럴 때마다 잘못된 행동이라 얘기해 주지만 아직까지 잘 고쳐지지 않는 행동들이다.

처음엔 둘째가 고집부리는 행동을 하면, 같이 화를 내며 꾸짖었었다. 그럴수록 아이는 더 악을 쓰고, 행동이 더 거칠어질 뿐이었다. 어느 순간 '내가 어린아이에게 너무 큰 걸 바라는 건 아닌가. 아이는 본인의 마음을 알아주길 바랄 뿐인데…….'라는 생각이 들었다. 그 이후 훈육 방법을 바꿨다.

훈육을 하기 전에 아이부터 진정을 시켰다. 괜찮다고, 그리고 차근차근 달래면서 아이의 마음을 읽어주고 들어주었다. 그러자 행동이 바로 달라졌다. 그렇게 화를 불같이 내던 아이는 없어졌다. 그제야 알았다. 처음부터 나쁜 아이, 못된 아이는 없다. 처음부터 잘하는 아이도 없다. 다 부모가 아이를 그렇게 망치는 구나…….

육아서를 읽어보면 대부분 다 아는 내용이다. 누가 몰라서 안 하는가? 머리로는 아는데 문제는 행동이다. 머리와 행동이 따로 놀기 때문이다. 육아 문제는 더욱 더 그러하다.

하루에도 몇 수십 번 아이들과 부딪치는 엄마들이다. 처음부터 화내는 엄마는 없다. 그게 반복이 되고, 수가 더해지면서 점점 화가 나는 것이다. 그렇더라도 화부터 내지 말고, 아이의 마음을 이해하도록 노력하자.

나의 어렸을 때 기억을 떠올려 보자. 어렸을 때 '어른들은 왜 저러지? 엄마, 아빠는 왜 나에게 이렇게 말하지?' 했던 기억들 말이다. 아이들 입장에서 생각하려 노력하다 보면, 의외로 간단히 해결되는 경우가 많다. '내가 별거 아닌 것에 너무 힘들이고 있었구나.'라는 걸 금방 깨닫게 된다.

> 아이를 사랑하는 일은 특별히 어렵지 않습니다. 잦은 스킨십을 통해 사랑이라는 감정을 표출하면 되는 것입니다. 이것만으로도 충분히 아이는 사랑을 받고 안심하니까요. 아이가 어리다고 "귀여운 우리 아기, 엄마는 너를 좋아한단다."라는 말을 못 알아들을 거라고 생각하지만 아이는 엄마가 건네는 미소만으로 그 마음을 전달 받습니다.
> ― 『엄마 없으면 아무것도 안 하는 아이』, 스가하라 유코 저, 글담출판사, 2008, 61~62쪽

아이를 끝없이 사랑하고, 사랑을 늘 표현하라. 아이들은 금방 큰다. 항상 내 옆에서 엄마만 찾을 것 같은 아이들이 곧 내 곁을 떠날 준비를 한다. 지금 함께하고 있는 아이들을 그리워하는 훗날이 있다. 사

랑만 주기에도 부족한 시간. 좋은 추억들로 우리 아이들과 매일 매일 썸을 타자. 어린 시절 기억이 다 남는 건 아니다. 특별한 추억만이 보통 우리의 기억 속에 남는다. 아이가 성장해서도 훗날 두고두고 이야기 할 수 있는 그런 썸을 타자.

   어제와 같은 오늘. 오늘과 같은 내일 그런 소소한 기억 말고, 특별한 추억을 만들어 신나게 놀고, 가능하다면, 사진 한 장이라도 남기자. 아이들이 자라면서 그 사진을 보며, 그 추억을 계속 떠올릴 수 있게 말이다. 기억이 안 날래야 안날 수 없을 것이다. '남는 건 사진밖에 없다.'는 말도 있지 않은가.

   사랑 받을 권리가 있는 아이들.
   그 권리를 우리 부모가 빼앗을 이유는 이 세상 어떤 것도 없다.
   사랑한다고 매일 속삭여라. 아이의 가슴속에 큰 사랑이 자랄 수 있도록.

달콤한 상상

"행복은 여정이지, 목적지가 아니라는 점을 기억하라."
— 로이 M. 굿맨(미국의 정치가)

최근 가장 행복하다 느꼈던 순간이 언제인가?

단번에 떠올리는 순간이 있다면 본인은 행복만족도가 굉장히 높은 사람이다. 행복의 기준은 사람마다 다 다르다. 같은 일을 두고 어떤 한 사람은 행복하다 말할 수 있지만, 어떤 사람에게는 그저 그런 일이 될 수도 있다.

잠자는 아이들을 누가 천사라고 했는가. 아이들이 하루 종일 말썽을 부려 속상해 하다가도 아이들 자는 모습만 봐도 행복의 순간을 느낄 수 있다. 이렇게 예쁜 아이가 내 곁에 있는 것이 행복하고, 착하게 잘 자라고 있는 아이들이라 행복하고, 조그마한 손과 발을 만지면서 행복하고…… 아이가 너무 귀여워서 '크지 않고, 이대로만 있으면 얼마나 좋을까?' 이런 생각에 젖어들기도 한다. 어느 부모나 아이들 잠든 모습을 보고 느끼는 행복의 순간이다.

하루에도 몇 번씩 아이들 때문에 울기도 하지만 또 아이들 때문에 웃는다. 아무리 힘들어도 아이들 웃는 모습만 봐도 그날의 피로가 풀린다는 말이 있지 않은가. 내 아이가 바로 나만의 피로회복제다.

매일 '아이들 때문에 힘들다, 힘들다.' 하지 말고, 아이들과 있는 지금 이 순간을 소중히 생각하자. 지금은 비록 힘들지라도 순식간에 아이들은 크고, 내가 생각하는 것보다 아이들은 내 곁에 오래 있지 않는다. 그때 가서 아이들과 조금 더 놀아 줄걸, 더 좋은 추억을 만들어 줄걸 후회해 봤자 소용없다.

부모의 사랑을 받고 어릴 때부터 애착 관계가 잘 형성된 아이와 그렇지 못한 아이들은 특히 사춘기 성장기에 많은 차이를 보인다. 그만큼 자녀에 대한 부모의 관심과 사랑이 무엇보다 중요하다.

남편과 치킨 집을 운영할 때 일이다. 배달이 대부분이라 배달하는 아르바이트생을 2~3명은 고용해야 했다. 지역은 넓은데 남편이 혼자 배달하는데는 한계가 있었다. 그때, 우리가 흔히 말하는 비행청소년을 경험하게 되었다. 아르바이트생 중에 유독 집에 들어가지 않으려 하고, 일이 끝나도 밤새 친구들과 몰려 돌아다니기를 좋아하는 아이가 있었다. 그 친구에게 어느 날 물었다.

"너 이렇게 집에 늦게 들어가거나, 안 들어가면 부모님이 걱정 안 하시니?"

"엄마, 아빠 직장 다녀서 집에 아무도 없어요. 그리고 저 집에 안 들어오는 걸 더 좋아 하세요."

그 아이는 부모가 자신이 어릴 적부터 맞벌이를 해서 집에는 늘 그 아이 혼자였다고 했다. 집에 혼자 있는 게 싫어서 밤새 친구들과 어울리게 되었고, 그 행동이 반복되었던 것이다. 그 아이의 부모도 아이의 그런 행동이 못마땅했으나 형편상 어쩔 도리가 없는 노릇이었다. 부모가 맞벌이를 한다고 해서 무조건 아이들이 잘못된 방향으로 가는 건 아니다. 문제는 자녀에 대한 관심과 사랑이다. 아이는 '사랑으로 크는 나무'고 했지 않은가?

2002년에 김해에 있는 한 초등학교 6학년 일반가정의 자녀와 맞벌이 가정의 자녀 총 139명을 대상으로 '도덕성 발달 검사'를 진행하였다. 도덕성 발달 검사는 Rest가 개발한 DIT^{The Defining Issues Test}로 3가지 갈등 상황에서 36개의 질문 문항으로 조사하였다.

결과는 어떠했을까? 대개의 사람들이 일반가정의 자녀가 도덕성이 더 높게 나올 거라는 추측을 하지만, 결과는 그렇지 않았다.

일반 가정의 자녀보다 맞벌이 가정의 자녀들의 도덕성 발달 수준이 더 높게 나왔으며, 그 중에서 도덕성 발달에 매우 중요한 요소로 아버지의 학력, 가족 간의 대화 빈도, 학원 및 과외 활동이 중요한 요인으로 나타났다.

일반 가정에서 부모가 자녀에게 가지는 관심은 느긋하고 일상적인 관심이기 쉬움에 반해 맞벌이의 부모가 가지는 관심의 경우에는 자식 교육에 소홀하기 쉽다는 문제의식에서 실제적이면서도 문제 중심의 관심이 표명됨으로써 많은 상호작용이 이루어진다는 점이다. 이와 같은 맞벌이 부모의 관심으로 인한 상호작용은 일반가정 자녀의 도덕성과 차이를 가지는데 충분한 근거가 되었다.

또한 아버지의 학력이 높을수록 도덕적 문제에서 인지적으로 상호 작용함으로써 아동들의 도덕성을 향상 시켰고, 아동의 도덕성 발달을 위해서는 가족 간의 진지한 문제 해결 중심의 대화가 필요했다. 학원 및 과외 활동은 또래 아이들과의 접촉이 많은 갈등을 직접적 경험할 수 있는 기회기 때문에 바람직한 학원 수강은 아이들의 도덕성 발달에 의미 있는 환경이 되기도 한다.

— 참고자료:「맞벌이 부모 자녀의 도덕성 발달에 관한 연구」,
박창현, 인제대학교 교육대학원 교육학석사학위논문, 2002

그렇다. 아이들은 도덕적인 면에서 부모가 집에 있고 없고 보다. 부모와 자녀간의 관계가 무엇보다 중요하다. 특히나 가족간의 대화가 무엇보다 중요하다는 걸 알 수 있다.

부모와 자녀 사이의 또 하나의 중요한 요소는 바로 믿음이다. 떨어져 있어도 자녀를 믿고, 서로에게 신뢰를 준다면 분명히 그 믿음은 다시 돌아온다. 계속 의심하고 묻는다면 사춘기 아이들은 부모와 대화를 단절한다. 부모 마음이야 궁금한 게 당연하다. 하지만, 접근법부터가 달라져야 한다. 캐묻고, 따지고 야단치는 엄마 입장이 아닌, 이야기를 들어줄 수 있는 친구로 접근해야 한다.

어릴 때부터 꾸준한 부모의 사랑을 받은 아이들은 다르다. 그 사랑법은 다른 게 없다. 아이를 기다려주는 것이 첫 번째이다. 우리나라 사람은 무조건 빨리빨리에 너무 익숙해져 있다. 자녀에게도 예외는 아니다. 뭔가를 시작해서 아이에게 효과가 안 보인다 싶으면 금방 갈아치운다. 학업은 특히나 그렇다. 그렇게 빨리빨리해서는 안되는 게 학업이다. 내 아이를 믿고 기다린다면, 분명 다 방면에서 그 두각을 나타낸다. 그러나 부모들은 기다리지 못하고 자녀를 책망하고, 실망한다. 그로인해 자녀와의 거리는 점점 벌어지게 된다.

자녀에게, 어릴 때부터 '엄마는 널 믿는다.'는 걸 인식시켜줘야 한다. 나는 아이들에게 수시로 얘기한다. '사랑한다.' 그리고 '엄마는 네가 잘 할 꺼라 믿는다.'고 말이다. 어릴 때부터 쌓인 신뢰는 아이가 성장하면서도 쉽게 사라지지 않는다. 나쁜 행동을 하려다가도 엄마와의 믿음을 쉽게 버릴 수 없기 때문이다. 부부관계에서 믿음이 중요하듯이 부모자녀 사이에도 마찬가지이다. 내 아이 내가 안 믿으면, 누가 믿어 주랴.

행복은 우리의 발밑에 있어 보지 못한다고 했다. 멀리서 찾지 마라. 큰 목표를 정해두지 말아라. 행복은 크기가 아니라 기준이다. 내 안의 기준. 크다고 다 행복한 것이 아니다. 작은 행복도 행복이고, 사소한 것도 다 행복이 될 수 있다. 늘 행복하다고 생각하라, 생각이 곧 행복이 된다.

『여자 서른 살, 까칠하게 용감하게』의 저자 차희연 씨는 본인의 저서에서 행복하기 위해선 긍정적인 사람이 되어야 된다고 얘기하고 있다.

> "부정적인 사람은 행복할 수 없다는 것입니다. 바꿔 말하면 행복하기 위해서는 긍정적인 사람이 돼야 합니다. 그리고 행복으로 들어가는 문의 손잡이는 우리의 마음속에 있다는 것을 깨달아야 합니다. 그 다음은 쉽습니다. 문을 열고 들어가기만 하면 됩니다."
> ─ 『여자 서른 살, 까칠하게 용감하게』, 차희연 저, 홍익출판사, 2014, 205쪽

긍정적이지 못한 사람은 행복 앞에서도 불행하다. 아직도 당신의 행복이 어디에 있는지 찾고 있는가? 내 행복은 언제 오지? 기다리고만 있다가 지금 바로 당신 옆에 있는 행복을 놓치지 말아라. 행복은 마음먹기 달려 있다. 행복은 본인의 선택이다. 행복하자 마음먹으면 비로소 행복하고, 행복하지 않다 여기면 그게 바로 불행의 시작이 된다. 행복은 다가오는 게 아니다. 불행의 삶을 살 것인지 행복한 삶을 살 것인지 본인 의지에 달려 있다.

행복하다고 매일같이 달콤한 상상에 빠져 보자. 마음가짐이 달라지면 어제 불행하다고 느꼈던 것도 오늘의 행복이 될 수 있다.

PART 3

여자,
발칙하게

- 나만의 아지트를 찾아라
- 버려야 하는 것
- 여기가 맞아?
- 행동 직진
- 생각의 판을 흔든다
- 끝이야? 벌써 지쳤어?
- 한 번만 더 하자

나만의 아지트를 찾아라

"진정한 여행은 새로운 풍경을 보는 것이 아니라 새로운 눈을 가지는데 있다."
— 마르셀 프루스트(프랑스 소설가)

당신도 혼자 어디로 떠나고 싶을 때가 있는가?

어지러운 세상 속에 짊어진 어깨는 무겁고, 책임져야 할 일들은 늘어나고, 지치고 힘들 때 우린 어디론가 숨고 싶다는 생각들을 한다. 지금 당장이라도 혼자 떠나고 싶지만, 많은 일들이 얽히고 설켰다는 핑계로 우린 이러지도 저러지도 못하고 있다.

어렵게 생각하지 말고, 복잡하게 생각하지 말고, 이럴 때 일수록 한 번 그냥 저질러 버리자. 뭐가 그리 어려운가. 주말을 이용해 하루라도 나만의 여행을 다녀오는 것이다.

한결 가벼운 마음으로 돌아와 어깨에 있던 한 짐을 털어버리고 일상으로 돌아올 수 있을 것이다. 상황이 크게 바뀌는 건 없지만, 말 그대로 기분 전환이다. 하지만, 이 마음가짐으로 모든 것이 달라 질수 있음을 우린 누구보다 잘 알고 있다.

> 혼자서 여행할 수 있는 단계에까지 이르게 되면, 이는 단지 혼자 이런 활동을 할 수 있다는 것 이상의 의미로 다가올 것이다. 즉 타인의 시선에서 벗어나 철저하게 자유로워진 자신의 모습을 발견하게 될 것이다. 또한 자유로움 속에서 자신을 새롭게 바라보는 즐거움을 맛볼 기회가 생길 것이다.
> ― 『내 삶이 꼬이는 데는 다 이유가 있다』 김은정 저, 원앤원북스, 2004, 27쪽

그럼 어디 혼자 여행을 떠나 보자. 혼자 여행을 떠나 보았는가? 남자라면 모를까, 여자가 혼자 여행을 떠나기엔 다소 두렵다고 생각하는 사람들이 많다. 맞다. 생각만 해도 두려움이 앞선다. 하지만, 아무도 당신을 신경 쓰지 않는다.

내 인생의 주인공은 나 한 명뿐. 나머지는 조연과 엑스트라에 불과하다. 그래도 요즘은 혼자 여행하는 싱글족이 많아 혼자 여행하기에 좋다. 여행지마다 요즘은 게스트 하우스가 대세다. 혼자 여행하는 여자들을 위한 여성전용 게스트 하우스도 있다. 저렴한 가격에 혼자여행하기에는 제격이다. 하지만, 혼자 사색을 즐기며 여행하기를 원한다면, 일반 펜션을 이용하는 것이 더 났다. 게스트하우스는 곳곳마다 차이는 있지만, 욕실이나, 식당을 공용으로 사용하는 경우가 많다.

여행지와 숙박을 선택했다면 다음은 장소다. 장소는 생소한 곳도 좋지만, 옛 추억이 있는 곳을 다시 가 보는 것도 좋다. 과거와 현재의 나는 어떤지 나를 한번 되돌아보는 사색에 빠지는 건 어떤가.

혼자 여행을 떠나는 주된 목적은 내가 되어야 한다. 내가 가고 싶은 곳, 먹고 싶은 것, 보고 싶은 것을 즐기면 그만이다. 그 여행 안에서 혼자 있는 여백의 미를 즐겨라. 그동안 머릿속에 쌓인 잡다한 스트레스는 날려버리고, 상쾌한 공기로 머리와 가슴속을 가득 메워라.

비워야 새로운 걸 채울 수 있다. 뭐든 새로 할 수 있는 자신감이 생겨난다. 혼자 하는 여행에서 가장 중요한 것은 버림이다. 뭐든 다 버릴 수 있는 건 버리자. 머리끝부터 발끝까지 다 비워버려라. 여행 와서 까지 집 생각, 회사 생각하면 다 바보다. 다 버려라. 오로지 나만의 시간을 즐겨라. 여자들이 흔히 여행 와서 하는 실수가 집 생각, 아이들 생각이다.

"애들은 잘 있어?"

"밥은 잘 먹고? 뭐 먹였는데?"

"엄마 안 찾아?"

뭐가 그리 궁금한 게 많은가. 아이들을 남편에게 맡겼으면, 남편을 믿고, 친정부모에게 맡겼으면, 친정부모를 믿자. 여행 와서 까지 가정 생각, 아이들 생각하다 보면, 제대로 된 여행이 될 수 없다. 틈틈이 아이들 생각이 안날 수야 없지만, 집으로 돌아가면 어차피 일상으로 돌아간다. 괜한 아이들 걱정 하다가 아이가 어디 아프기라도 하면, 당장 달려 갈 것인가? 그게 아니라면, 잠시 내려놓자.

　작년 여름 친구들과 안면도로 여행을 갔다. 친구들과 보통 1년에 한두 번씩 아이들 두고 친구들끼리만 여행을 간다. 식구들 다 데리고 갈 때도 있다. 그때도 애들, 신랑 다 놓고, 여자들끼리 떠났다. 애기를 해도 끝이 없는 여자들이다. 나는 잘 도착했다는 전화 한 통만 했을 뿐 더이상 전화도 안했다.
　"당신은 어디 나가면 전화를 안 하나?"
　"미안, 놀다 보니 그랬어. 많이 힘들었어?"
　여행에서 돌아오자 신랑이 퉁명스럽게 얘기를 꺼냈다. 혼자 아이들 보느라 고생 깨나 한 모양이다. 한 달도 아니다. 단 하루 정도인데 남편이 아내 대신 아이를 보는 것도 나쁘지 않다.

　어떤 사람들은 그래도 여자가, 엄마가, 너무 이기적이지 않냐, 할지 모른다. 엄마가 어떻게 자기 생각만 하냐고.
　그럼 나는 되 묻고 싶다. 도대체 언제 적 이야기를 하느냐고...
　엄마가 무조건 희생해야 한다는 건 38년도에나 들었던 이야기다. 자기를 알고, 자기 일을 갖고, 자기를 꾸밀 줄 아는 엄마가 되고, 여자가 되어야 한다. 왜 결혼을 하면 모든 걸 포기하는 지 알 수가 없다.
　인생 벌써 종 칠 것인가. 아니 내일 내 인생이 종 치더라도 내가 먼저 나를 포기해서는 안 된다. 나를 위한 욕심을 더 내라. 집에만 있어도 예쁜 옷 입고, 화장하는 엄마가 되라.

엄마가 하루, 아니 몇일쯤 아이 안 본다고 그 가정이 안 돌아 가는가? 아니다. 아이들 그리고 남편도 아내의 빈자리, 아내의 소중함을 아는 시간이 될 수 있다. 우리 아내가 아이들을 어떻게 힘들게 키우는지 남편도 알아야 한다. 육아는 더 이상 엄마들만의 책임이 아니다.

"육아에서 여자는 정규직이고, 남자는 계약직이라지?"
내가 우리 남편에게 자주 하는 말이다. 그렇다. 남자들은 회사에서 일하고 집에 오면 일단 쉬어야겠다는 생각에 집안 일, 아이들 육아는 완전 뒷전이다. 내가 안 해도 아내가 있으니까 라는 생각이다. 하지만, 여자들은 어떠한가. 직장을 다녀도, 안 다녀도 여자들은 집안 일에 육아에 끝이 없다. 남편이 도와주면야 고맙지만 바깥에서 힘들게 일하고 들어온 사람에게 잔소리하기도 뭐해서 혼자 묵묵히 할 때가 많다. 잠자리에 들면 나 혼자 파김치가 되어 팔 하나 들기도 힘들다. 이런 사정은 어느 한 가정만의 이야기가 아니다.

엄마도 혼자 있는 시간이 필요하다. 아무것도 하지 않고 자기 내면의 목소리에 귀기울이는 그런 시간 말이다. 그런 시간을 갖는 곳은 외딴 해변일 수도, 도서관 책상이나 친구의 집일 수도 있다. 즉, 일상을 떠나 혼자만 있는 시간 말이다.

남편과 아이들을 위해 일하는 시간을 잠시 접어보자. 낮 동안만이라도 혼자만의 시간을 가져보자. 엄마만의 24시간을 갖는 것보다 더

스릴 있는 건 없다. 아이가 집에 돌아와 문을 열 때 너무너무 반갑긴 할 테지만 말이다.

— 『사랑』, 베스 윌슨 사베드라 저, 넥서스BOOKS, 2004, 229쪽

 여행을 가라. 가족과의 여행도 좋고, 지인들과 여행도 좋다. 하지만, 혼자여행을 떠나 본적이 없다면, 꼭 한 번 혼자만의 여행을 떠나라. 여건만 된다면, 일회성으로 끝내지 말고, 다음 여행을 바로 계획하는 것도 좋다.

 혼자, 어디론가 떠나고 싶은데, 갈 곳이 없어 친정으로 가거나, 찜질방으로 향할 때가 많다. 그러지 말고 나만의 아지트를 한 곳 만들자. 혼자 아무 때나 훌쩍 떠날 수 있는 곳 말이다. 혼자 늘어지게 잠을 자도 좋고, 아침부터 밤새 하고 싶은 걸 실컷 해보라. 아침부터 해가 떨어질 때까지 책을 읽어도 좋고, 시원한 바닷바람을 맡으며 해변을 혼자 끝까지 걸어보는 것도 좋다.

 무엇이라도 좋다. 뭐라 잔소리 하는 사람 없다. 그 혼자 있는 시간에 나를 조금 돌아보고 나를 찾으면 더 좋겠다. 하지만, '꼭 이번 여행에서 무언가를 얻겠어!'라는 식의 생각을 갖고 여행을 떠나면 안 된다. 그건 여행이 아니라 나에게 지우는 또 다른 무게의 짐이 될 뿐이다.

 어떤 여행이나 얻는 게 없는 건 없다. 어떤 여행이라도 뒤돌아보면

얻는 게 있기 마련이다. 내 마음에 무거운 짐을 다 내려놓고 떠나라. 독서를 통해서 사고의 폭을 넓힐 수도 있지만, 여행은 새로운 세상과 새로운 경험과 마주하게 한다.

『바람의 딸, 걸어서 지구 세 바퀴 반』한비야 씨의 이야기는 유명하다. 대부분의 여성들이 직장을 다니다 결혼 하는 삶을 택했을 때, 그녀는 1996년 홀로 6년 동안, 국내도 아닌 세계를 배낭 하나 메고 떠났다. 나는 왜 과거에 그러지 못했을까, 하는 생각에 나는 그녀를 동경한다. 내가 그녀를 조금 더 일찍 알았더라면 나도 배낭하나 메고 어딘가를 떠돌고 있을지 모른다는 상상을 가끔한다.

혼자 떠날 각오가 되었는가? 그럼 지금 바로 계획을 세워 떠나 보는 건 어떠한가? 지금 당장 중요한 일, 1순위에 두고 실행으로 옮겨 보자. 이 글을 쓰는 내내 혼자 떠나는 여행을 상상하니, 나 또한 가슴이 두근두근 떨린다. 생각만으로도 여행은 힐링이 된다.

여행이란, 어린 시절 소풍 떠날 때 그 기분과 똑같다.
상상만으로 기분 좋고, 설렌다.
새로운 도전. 경험으로 한층 더 성숙해지는 나를 만나 보자.

버려야
하는 것

"두려움이 없는 것이 용기가 아니다. 그 두려움을 이기는 것이 용기인 것이다.
그대가 할 수 있는 일, 아니면 하고 싶은 일이라도 상관없다. 그런 일이 있다면 지금 바로 시작하라.
용기 속에는 그런 일을 능히 할 수 있게 하는 천재성과 힘, 마법을 모두 갖고 있다."
― 괴테(독일 문학가)

무슨 일을 시작하기에 앞서 두려운 건 누구나 그렇다.

시작하기도 전에 안 될 일들만 늘어놓기 때문이다. 그러면 될 일도 안 된다. 두려움은 더 없이 커지기만 하고, 결국 두려움 때문에 시도조차 하지 못하게 된다.

故정주영 현대그룹 회장이 살아생전에 직원들에게 "해 보기나 했어?"라는 말을 입에 달고 살았다고 한다. 해 보지도 않고 안 된다는 생각부터 나열하는 사람들. 나쁜 버릇이다.

정주영 회장의 끊임없는 도전 스토리를 보면, 정말 입이 떡 벌어지는 사건들의 연속이다. 어떻게 저게 가능하지? 라는 생각이 들 정도이다. 그는, 우리에게 많은 교훈을 남겼다.

남들이 다 늦었다고 할 때, 남들이 다 포기할 때, 그는 끝까지 밀어붙이는 근성이 있었다.

돈 한 푼 없이 미군 막사를 지어 돈을 벌기도 했고, 조선소 지을 부지의 해안 사진 한 장과 오백 원 지폐 한 장으로 조선소를 지을 돈을 빌려오기도 하였다.

울산 조선소를 세울 당시. 우리나라는 조선소를 지을만한 돈이 없었다. 정주영 회장은 일본과 미국을 오가며 돈을 구하려 했지만, 후진국 이였던 우리나라를 상대로 돈을 빌려주려 하는 곳은 단 한 곳도 없었다. 이에 포기하지 않고, 그는 바로 영국으로 날아갔다. 영국(투자은행 바이클레즈)에서도 우리나라는 상환 능력이 없다고 판단하여 협상은 쉽게 이루어지지 않았다.

그 당시 정주영 회장은 울산 해안 사진과, 우리나라 오백 원 지폐를 보여 주며 그들을 설득했다. 일찍이 우리나라는 조선업에서 뒤지지 않음을 보여 주며, 협상은 순조롭게 이루어졌다.

"이걸 보십시오. 우리나라의 거북선입니다. 영국의 조선 역사는 1800년대부터 시작되었다고 알고 있습니다. 그러나 우리나라는 1500년대에 이런 철갑선을 만들어 일본과의 전쟁에서 이겼습니다. 영국의 조선역사보다 300년이나 앞선 기록이죠. 산업화가 늦어졌을 뿐 대한민국의 잠재력은 고스란히 그대로 있습니다."

처음부터 안 될 거라 생각했다면, 아무것도 해내지 못했을 것들을 故정주영 회장은 생각을 역발상하여, 보란 듯이 우리에게 보여줬다. 끊임없이 도전하고, 포기하지 않고 부딪친다면, 안 될 일도 기적처럼 이루어진다.

요즘 이들은 더욱더 그러하다. 앞 뒤 따져보고 타산이 안 나오면, 아예 시도조차 하지 않는다. 어쩌면 맞는 방법일지도 모른다. 하지만, 해 보지도 않고 포기하는 것보다. 한 번 미련 없이 도전해 보고 후회를 하더라도 그때 하는 것이 낳지 않은가.

어느 연구원에서 '내가 한 행동에 대해 후회할 때'를 조사하였다.
첫 번째는 자기가 이미 한 행동에 대한 후회,
두 번째는 어떠한 행동에 시도조차 하지 않은 후회였다.
이래도 저래도 후회한다면, '당신은 어떤 후회를 하겠는가?'의 질문이었다.
결과는 두 번째 행동이었다. 어차피 하는 후회. 대부분의 사람들은 도전해 보고 후회하는 게 낫다고 생각하는 이들이 많았다. 하지만, 실상은 많은 사람들이 도전 앞에서 해 보지도, 시도하지도 않고 두려움에 미리 포기하는 이들이 많다.

얼마 전 디즈니에서 감동적인 애니메이션 한편을 개봉하였다. 바로 2016년 2월에 개봉한 '주토피아'다. 아무 생각없이 아들과 오랜만에 데이트를 나섰다. 쿵푸 팬더 3을 보자는 아들. 영화 순위를 보니 쿵푸 팬더 3보다 주토피아가 더 앞서 있었다. 아들에게 주토피아가 현재 더 인기 있는 것 같은데 주토피아를 보자고 설득했다. 내용도 모르고, 아는 건 디즈니에서 만든 애니메이션이라는 것 뿐이었다. 단순히 '재미만 있어도 본전이겠다.' 생각한 애니메이션이었다. 하지만 재미뿐만이 아니라 가슴을 울리는 교훈까지 남겨 주는 스토리였다. 스토리는 대략 이러하다.

주토피아라는 세상에서 동물들은 진화하였다. 육식동물과 초식동물들이 한데 어우러져서 서로를 존중하며 사는 세상이 되었다. 주인공 '주디(토끼)'는 어려서부터 경찰의 꿈을 품고 자란다. 그런 '주디'를 토끼 부모는 반대한다. 토끼가 경찰이 된 적은 없다고, 세상이 너무 무서우니 당근 농사나 지으라고 한다. 하지만 '주디'는 결코 꿈을 포기하지 않는다.

주토피아는 누구나 살고 싶은 꿈의 도시이다. 결국, 경찰대학을 수석으로 졸업해 초식동물은 경찰이 될 수 없다는 고정관념을 깼다. 최초의 토끼 경찰이 돼 꿈을 이룬 '주디'는 주토피아에 발령을 받았다. 그러나 주토피아에서 알 수 없는 육식동물 연쇄 실종사건이 발생한다. '주디'는 48시간 이내 사건 해결 명령을 받아 조사하는 과정에서 육식동물들이 맹수로 변하고 있다는 사실을 세상에 발표하였다. 그 이후 주토피아의 동물들은 초식동물과 야생성을 띤 육식동물로 자연스럽게 분리가 되고 있었다. 서로 다르지만 육식, 초식, 큰 동물, 작은 동물 할 것 없이 잘 어울려서 살고 있는 도시를 자기가 분열시켰다는 죄책감에 경찰배지를 놓고, 고향으로 돌아간다. 고향에서 본인의 실패를 인정하며, 부모님 채소 가게 일을 돕던 어느 날. 사건의 실마리를 알게 되어, 다시 일어나 주토피아로 떠난다. 그로인해 사건 해결을 하게 된다.

한 없이 작고 힘없는 초식동물인 토끼는 남들이 다 안 된다고 할 때, 경찰이라는 꿈에 도전하고, 꿈을 이루었지만, 경찰이 되어 처음 맡는 임무는 주차요원이었다. 토끼경찰을 인정하지 않는 경찰서장 때문에 지원 되는 건 아무것도 없었다. 사건조사를 하면서 결국 수많은 시련에 부딪칠 수밖에 없게 된다. 그때마다 주인공 '주디'는 포기하지 않고, 다시 일어선다. 결국은 사건을 해결하여, 모두에게 인정받는 경찰이 되었다.

"우리가 두려워해야 할 것은 두려움 그 자체뿐이죠"

주인공 '주디'의 명대사이다. 내가 누구였고, 누구인건 중요하지 않다. 변화의 시작은 나로부터 시작되어야 한다.

언제 죽을지 모르는 세상. 내일 당장 죽는다 생각해 보라. 그동안 도전하고 싶었으나, 실패할 것 같은 두려움 때문에 시도조차 못 했다면, 눈 감는 순간 그때 그 일이 얼마나 후회스러울까? 나는 뭔가 도전을 할 때마다 내가 당장 내일 죽는다면, 후회하지 않을까? 라는 생각을 많이 한다. 결정을 내리기에 정말 도움이 많이 되는 방법이다. 그리하면 못 할게 없어진다.

실수는 누구나 있을 수 있다. 그게 두려우면 아무것도 하지 말고, 그냥 집에서 시체놀이나 하라고 말하고 싶다. 모든 일에 실수가 있기 마련이다. 하다못해 우리가 매일 해 먹는 밥도 그렇다. 매번 하는 밥도 물을 한번 잘 못 맞추면, 죽 밥이 되고, 고두밥이 될 수 있듯이. 잘 하던 일도 가끔은 실수가 있기 마련이다.

남아프리카 최초 흑인 대통령 넬슨 만델라가 한 언론에서 인터뷰한 대목이다.

"담대함의 가면을 쓰고 두려움을 감췄습니다. 용감한 사람은 무서움을 느끼지 않는 사람이 아니라, 두려움을 정복하는 사람입니다."
― 『생각대로 살지 않으면 사는 대로 생각하게 된다.』, 은지성 저, 황소북스, 2012, 119쪽

두려움은 자신감으로 무장하면 이길 수 있고, 자신감은 노력과 연습으로 얻을 수 있다. 지금의 노력으로 내안을 자신감으로 가득 채워라!

"용기란 두려움을 느끼지 않는 것이 아니라, 두려움에 대한 저항이며, 극복이다."
― 마크 트웨인(미국 소설가)

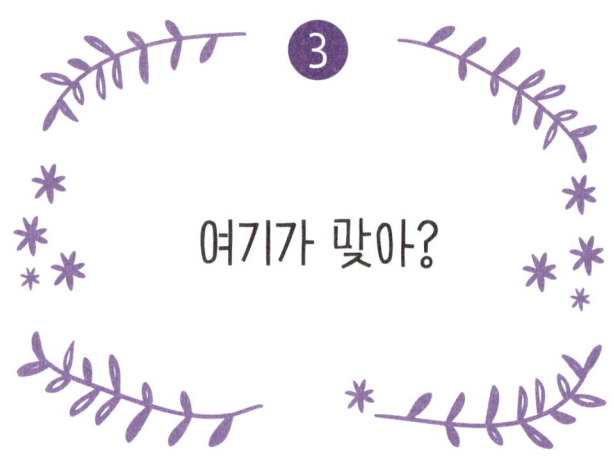

여기가 맞아?

"정확한 목표 없이 성공의 여행을 떠나는 자는 실패한다. 목표 없이 일을 진행하는 사람은 기회가 와도 그 기회를 모르고 준비가 안 되어 있어 실행 할 수 없다."
— 노만 V. 필(미국 작가)

지금 당신은 당신의 인생에서 어디에 서 있고, 어디로 가고 있는가. 어느 방향으로 가고 있는지 길은 제대로 찾았는가? 지금 길 위에 서 있는 당신은 누군가의 아내 혹은, 엄마일 것이다.

어찌됐든 대한민국에서 아줌마로 살게 된 당신이라면, 숙명처럼 걸어가야 할 길이 있다. 누가 꼭 그렇게 하라고 한 것도 아닌데, 결혼하고 아이를 낳고 육아와 가정을 책임(?)지는 대한민국 아줌마 대부분 똑같이 이 길을 가고 있다. 이게 바로 공통의 길이고 선택의 여지가 별로 없다. 그 전의 스펙들은 다 필요 없다. 결혼하고 아줌마로 살면, 그 아줌마가 그 아줌마다.

그런 아줌마들 틈에서 내 시간 없이 주변인들을 위해 보낸 시간들이 나중에 어떤 나를 만들어 낼까. 생각해 보았는가? 인생길이라는 곳에서 길 잃고, 어디로 가야할지 모르는 당신. 내가 누구인지. 정체성을 찾고, 나의 길부터 찾아 나서라.

   남편과 아이들이 아닌 나만을 위해 작은 것 하나라도 투자하고 가꾸고 꾸며라. 아까워하지도 말라. 지지리 궁상 떨 필요도 없다. 내 인생의 주인공은 나다. 더 이상 남의 인생의 조연으로 살 필요도 없다. 아이들과 신랑에게 너무 의지하며 살 필요도 없다. 그들은 나의 공과 시간을 당연하게 생각할 뿐 그 이상 그 이하도 아니다.

   이제 내 시간. 내 길. 나라는 사람은 내가 찾아야 한다. 그 누가 대신해 주지 않는다. 목적지를 잃은 배는 바다 위에서 그냥 표류할 뿐이다. 독일의 시인이자 문학가인 괴테는 이렇게 말했다.

   "인생은 속도가 아니라 방향이다."

   아직도 중대한 결정을 내릴 때 엄마나 아빠 혹은 남편이 없으면 결정을 못 내리는가? 마마걸, 파파걸에서 벗어나 이제 내 결정은 내가 내려라. 언제까지 떠주는밥 만 먹고 살 것인가. 그리고 나중에 후회는 누가 한단 말인가. 늦게 후회해도 소용없다. 과거는 돌아갈 수 없고, 한 번의 선택을 되돌릴 수 없다. 내가 한 선택도 후회로 돌아올 때가 많은데, 누구를 믿을 것인가. 조언은 듣는 것으로 끝내라. 인생의 결정은 내가 하는 것이다. 실패가 두려워 시도조차 하지 못하는가? 시도하지 않는 것이 바로 실패이다. 나는 내 인생에서 주인공으로 살고 있는가? 아님 누군가의 주변인 혹은 조연으로 살고 있는가. 내 인생에서 나는 주인공으로 살고 있는지 한 번쯤 생각해 본 적이 있는가? 없다면 지금이라도 내 인생에 대해서 생각해 봐야 한다.

길다면 길고, 짧다면 한 없이 짧은 인생이다. 내가 지금 어느 길로 가고 있는지 정도는 알아야 한다. 지금껏 나는 무엇을 위해 살아왔는가. 앞으로 어떤 삶을 살아갈 것인가. 미래는 정해져 있는 게 아니다. 내가 하기 나름이다. 지금 어떻게 시간을 보내느냐가, 내 미래가 되고, 미래의 내 운명이 되는 것이다.

> '내 미래는 밝아'라고 생각하는 사람과 '나는 불행하게 살 거야'라고 생각하는 사람은 현재 나에게 주어진 상황을 해석하는 태도가 달라질 수밖에 없습니다. 미래가 밝다고 생각하는 사람은 현재의 상황에서 긍정적인 면을 볼 것이고, 불행해질 거라고 생각하는 사람은 현재의 상황에서 부정적인 면을 보려고 할 것입니다.
> ―『불안 버리기』, 최주연 저, 소울메이트, 2011, 91쪽

내가 원하는 바가 무엇인지 정확하게 알고, 나부터 바로 세우는 게 우선이다.

그리고 나를 사랑하라. 내면의 나와 진정한 대화를 나눠보는 것도 좋다. 나를 사랑하는 습관을 들여 자신감으로 무장하라. 자신감을 채웠다면, 이젠 꿈을 향해 나아가자. 내 꿈을 찾아 내 인생의 진정한 주인공이 되어라. 꿈이 없다면, 내 인생의 주인공으로 살수가 없다. 그

냥저냥 사는데 무슨 주인공이고, 조연이고가 뭐가 중요하겠느냐. 매일 밥벌이로 살기 바쁜데 말이다. 내 인생의 주인공이 되려면, 꿈이 있어야 한다.

어려서부터 확고한 자신의 꿈을 키우며, 주변사람들에게 '나는 축구로 꼭 성공하겠다.' 말하는 이가 있으니 바로 우리나라 최고의 축구선수 박지성이다. 그는 선천적으로 남들보다 불리할 수 있는, 아니 축구 선수를 하기에는 치명적인 약점인 평발에다, 체구도 남들보다 왜소했다. 하지만, 축구를 한 순간도 포기하지 않았다. 학창시절 선생님들에게 늘 '세계적인 축구선수'가 되겠다. 말하며 꿈을 포기하지 않았기에 가능했다. 그의 꿈은 타인의 꿈이 아닌 본인이 결정한 본인의 꿈이었다. 항상 미래의 꿈을 꾸었기에 그렇게 열심히 노력할 수 있었던 것이다. 머리에서 시켜서 하는 것이 아니라 바로 가슴에서 시켜서다. 시련 앞에서 다시 일어설 수 있는 힘. 꿈은 가슴에서 시키지 않으면 할 수 없다.

박지성 선수, 그는 말했다.

"축구는 내가 살아있는 이유다. 축구가 없으면 나는 없었을 것이다. 다시 초등학교 시절로 돌아가더라도 난 축구를 할 것이다."

치명적인 약점 평발의 약점을 딛고, 우리나라 최초로 잉글랜드 프리미어리그(4부로 구성된 잉글랜드의 프로축구 리그 가운데 1부 리그를 가리킨다.)에 진출한 박지성 선수. 지금은 은퇴하고, 그는 제2의 꿈 축구행정가가 되기 위해 또 다시 달리고 있다. 이미 FIFA 마스터코스를 합격하였으며, 이제 몇 년 후면 유럽에서 왕성하게 활동하는 박지성을 만날 수 있을 것이다.

　드라마나 영화 주인공. 그들의 삶을 생각해 보라 어떠한가. 인생이 꼬여도 그렇게 꼬일 수가 없다. 하는 일마다 안 된다. 꼭 가는 곳마다 마주치는 악역들. 수많은 시련에 맞닥뜨리게 되고, 고생은 고생대로 한다. 그러나 주인공들은 어떠한가. 악역의 끝없는 방해에도 불구하고 끝까지 포기하지 않고, 실패하고 일어서기를 수없이 반복한다. 진실은 통한다 했는가. 그동안의 고생들이 빛을 발하는 순간이 찾아온다. 꼬이기만 했던 일들이 하나씩 순리대로 풀리고, 주인공은 드디어 성공한 삶을 살게 되며, 보통은 해피엔딩으로 끝이 난다. 대부분의 시나리오 레퍼토리가 이러하다. 이런 구도 안에서 얼마나 재미있게 이야기를 풀어내느냐의 차이다.

　우리의 인생도 드라마와 다름없다. 인생에 우열곡절 없는 사람이 어디 있고, 사연 없는 사람이 어디 있으랴. 어느 곳에 가도 꼭 못 마땅한 사람이 있기 마련이다. 이 직장에서 저 사람만 없으면 살 것 같다. 생각하여 다른 곳에 이직을 하면, 이직한 새 직장에도 그런 사람은 또 있기 마련이다. 마찬가지다. 불평을 늘어놓으면 끝이 없다. 언제까지 불평만 늘어 놓을 것인가. '노력하지 않는 자. 바라지도 말라'고 했다. 아무것도 안 하면서 내 인생 탓 하지 말라!

당신 배의 목적지는 어디인가. 지금껏 목적지 없이 달려왔다면, 지금이라도 목적지를 정하라. 어느 누구도 내 배의 선장이 될 수 없다. 잠시 방향을 잃어도 괜찮다. 다시 가면된다. 목적지가 있으면 돌아서 가더라도 괜찮다. 뭐든지 급하면 탈이 나는 법이다. 늦었다 생각하지 말고, 목적지를 찾은 것에 감사하라. 쉬지 않고 간다면, 누구나 목적지에 분명히 도착할 수 있다.

뭔가 끌리는 일이 있다면 시작하라. 인생은 속도가 아니라 방향이 결정한다. 눈을 돌려 새로운 '진북眞北'을 찾아내는 힘을 기르면, 당신의 인생은 언제나 새로운 출발선에 서 있을 수 있다.

― 『내 인생 5년 후』 하우석 저, 다온북스, 2012, 28쪽

행동 직진

"성공하고자 하는 자는 길을 찾을 것이며, 그렇지 않은 자는 변명을 구할 것이다."
― 레오 아길라

운동하지 않으며, 늘씬해지길 바란다.
공부하지 않으며, 우수한 성적을 바란다.
저축하지 않으며, 부자가 되길 바란다.
실패를 두려워하며, 성공하길 바란다.
고백하지 못하며, 내 사람이 되길 바란다.
본인은 책을 읽지 않으며, 내 아이는 독서하길 바란다.

우리가 흔히 아무것도 하지 않으며, 바라는 댓가들은 이외에도 무수히 많다. 사람은 다 쉽게 뭔가를 얻길 바란다. 그래서 대다수 사람들이 얻지 못하는 것이다.

댓가 없이 얻어지는 것은 없다.

어르신들은 말씀하신다. '세상에 쉬운 일이 어디 있냐고…….' 백번 들어도 맞는 말이다.

내가 해 보지 않는 남의 일들은 다 쉬워 보이기 마련이다. 쉬워 보여 막상 그 일에 뛰어들어 본적 있는가? 결과는 쉽지 않다. 해 보지 않고서는 모르는 법이다.

쉽게 얻어진다면 그 또한 얼마나 무의미 한가. 내가 쉽게 얻은 것은 남들도 쉽게 얻는다. 힘겹게 얻어져야 성과도 있고, 보람도 있고, 나중엔 자신감까지 얻게 된다.

가치 있는 일에는 항상 고통이 따르기 마련이다.

"고통 없이는 아무것도 얻을 수 없다."

— 프랭클린

끊임없는 자기 수련과 성찰, 자신 안에 해답이 있다고 믿고 자신을 신뢰하며 그에 상응하는 가치 있는 행동들을 지속적으로 해나간다면 누구나 자기 삶의 완성도를 높일 수 있다.

—『심리학이 청춘에게 묻다』, 정철상 저, 라이온북스, 2010, 267쪽

많은 사람들이 행동을 바꾸는데 중요한 요소로 생각과 의식 등을 꼽고 있다. 그만큼 우리의 생각이 행동에 미치는 영향은 실로 대단하다.

한번은 아들과 행운의 네잎 클로버를 찾아 나설 때의 이야기다. 학

교에서 돌아온 큰아이가 오늘 학교운동장 한쪽에서 클로버를 보았다고, 엄마랑 찾으러 가고 싶다고, 나를 끌어냈다. 내심 귀찮았다. 여태 살면서 네잎 클로버를 한 번도 찾아본 적이 없었다. 그 많은 클로버에서 네잎 클로버 찾기가 어디 쉬운가? 하지만, 엄마와 같이 해 보고 싶다는 아들 말에 마지못해 따라 나섰다.

정말 학교 운동장 한구석에 클로버 무더기가 보였다. 아들은 도착하자마자 클로버를 찾기 시작했다. 사실 우리 아들도 얼마 전 내가 해 준 행운의 네잎 클로버 이야기를 듣고 오늘 처음 찾아 나선 것이다. 행운이 온다는 이야기에 찾고 싶었던 것인지, 그렇게 잠시 고개를 숙이고 있던 아들이 내게 행운의 네잎 클로버를 찾았다고 보여주었다. 정말이었다.

나는 너무나도 놀랐다. 그렇게나 쉽게, 금방? 나는 30여 년을 살았어도 한 번도 못 찾은 네잎 클로버를 찾다니 너무나 신기해서 사진을 찍고 있었다. 그때, 또 다시 아들이 외쳤다.

"엄마 나 또 찾았어."

"진짜? ~ 말도 안 돼~ 정말이야? 정말 있는 거야?

엄마도 좀 찾아 보자. 엄마도 찾아야 돼!"

믿지 않았다. 클로버가 있을 거라고, 찾을 수 있을 거라 생각지도 못했다. 그런데 단숨에 아들이 네잎 클로버를 두 개나 찾은 것이다. 왠지 나도 찾을 수 있을 것 같은 생각이 밀려왔다. 쪼그리고 앉아 클로버를 손으로 하나하나 가려내며, 찾기 시작했다. 그때였다. 드디어

나도 네잎 클로버를 찾은 것이다. 내 눈이 의심스러웠다. 내 생애 첫 네잎 클로버였다.

그 전에 클로버를 찾을 땐 항상 '없을 거야'라고 생각 했었다. 찾아 볼 때도 '없겠지. 있겠어?' 라는 생각으로 찾았기에, 나의 행동도 아마 건성이었던 것이다.

이번에 클로버를 찾을 땐 좀 달랐다. 앞서 아들이 몇 차례 찾은 걸 보고 내 생각이 바뀐 것이다. '오호라~ 여기에서 네잎 클로버가 나왔 네, 분명 더 있을 거야!'라고 믿었더니 정말 찾았다. 운이 좋은 것도 따랐겠지만, 꼭 찾고야 말겠다는 나의 굳은 신념이 나의 행동에서 부 터 차이가 났던 것이다. 작은 클로버부터 손가락으로 하나하나 가려 내며, 하나도 빠뜨리지 않고 다 살펴보겠다는 나의 행동이 뒤따랐던 것이다.

행운의 네잎 클로버를 찾은 그날 우리에게 특별한 행운은 없었지 만, 작은 소망하나를 빌 수 있는 그 기분. 생에 첫 네잎 클로버를 찾은 기분만큼은 최고였다.

> 하루하루가 우리에겐 수많은 변신과 기적을 행할 기회이다. 누구나 하루에 최소한 한 번쯤은 기적을 만들 수 있다. 무엇보다 가장 큰 기 적은 자신이 변하는 기적이다.
> ― 『스토리가 스펙을 이긴다』 김정태 저, 갤리온, 2010, 254쪽

육아를 하면서 나의 행동이 변한 것이 있다면, 하기 싫은 일도 아이

들을 위해서 할 때이다. 좀 귀찮지만, 아이들을 위해 가까운 공원에서 뛰어놀기도 하고, 집이 난장판이 될 때까지 스케치북이며, 신문지며, 보이는 종이마다 물감으로 도배를 하기도 하고, 하기 싫고, 귀찮다고 생각했던 일도 당연히 해야 할 일로 받아들여지고, 일하는 동안에도 기분이 좋아지고 내가 다시 어린아이로 돌아가는 시간이 되기도 한다.

귀찮다고 생각하면, 끝이 없고, 미루다 보면, 기약이 없다.

지금 머릿속에 생각하는 그 일을 일단 시작이라도 해 보자.

언제부터인가 나는 막연한 작가의 꿈을 꾸었다. 나중에 나이 들어서 한적한 곳에서 조용히 글 쓰는 작가가 되고 싶다고 늘 남편이나 가족들에게 얘기하곤 했다. 하지만 정말 막연한 꿈이었다. 그 꿈을 위해 어떻게 해야 하는 지도 몰랐고, 진짜 실현해야겠다는 엄두도 내질 못했다.

어릴 때부터 꿈이란 그런 거 인줄 알았다. 이루지 못하는 꿈. 이루지 못하니까 상상만으로 그치는 꿈이라고……. 그러던 어느날, 책을 읽다 생각이 번뜻했다.

내가 왜 그동안 꿈만 꿨지? 그 꿈 이루면 안 될까? 안될 건 없지. 그래. 나도 내 꿈을 한번 이뤄보자. 라고 생각하니, 내 안에 불이 확 지펴진 듯 했다. 그때부터 도전의식이 생기면서 어떻게 하면 내 꿈을 이룰 수 있는지 알아보기 시작했다. 그때 내가 생각을 바꾸지 않았더라면, 그때 내가 행동으로 옮기지 않았다면, 지금의 이 책은 세상에 나올 수 없었을 것이다.

좋은 강의를 듣고, 좋은 책을 읽는 건 누구나 할 수 있다.

한 권의 책을 읽고 깨달음이 있다면 생각만으로 그치지 말고 반드시 행동으로 옮겨 실천해야 한다. 그렇지 않고는 변하는 나는, 변하는 삶은 없다.

내가 변해야 가족이 변하고, 가족이 변해야 내 삶, 세상도 바뀐다.

생각의 판을 흔들다

"행동하는 사람처럼 생각하고, 생각하는 사람처럼 행동하라."
— 베르그송(프랑스의 철학자)

1955년 9월 샤프 부부는 행복한 결혼식을 올리고 신혼여행을 떠났다. 달콤한 신혼여행의 꿈도 잠시 첫날밤을 완전히 망쳤다. 캐나다 토론토에서 제일 인기 좋은 곳으로 예약했는데, 객실은 작고, 가구는 낡았으며, 소음도 심했다. 심지어 화장실도 공용이었다. 그러나 이 호텔은 항상 만실이었고, 로비는 기다리는 사람들로 늘 붐볐다. '공항 옆'이라는 지리적 이점 때문이었다.

'이 정도 수준의 호텔이 돈을 잘 버니, 이곳을 능가하는 곳을 만들면 더 돈을 벌겠구나.'라고 샤프는 생각했다. 바로 세계적인 럭셔리 호텔의 대명사 포시즌스 호텔 앤드 리조트 회장 이사도어 샤프의 이야기다. 당시 아버지와 함께 작은 건설회사를 운영하던 샤프는 1960년 생각을 바로 실행에 옮겼다. 토론토 중심가 자비스가에 100실 규모의 호텔을 지었다. '포시즌스(Four Seasons, 사계절)' 전 세계 41개국에 96개 호텔을 가진 '포시즌스 호텔 앤드 리조트' 그룹의 시작이다. 연간 매출 40억 달러, 전 세계 직원 수는 4만 4,000명에 이른다. (2013회계연도 기준).

"처음 사업을 구상할 당시 가족과 친척, 투자자 등 모든 사람이 반대했습니다. 당시엔 제2차 세계대전 후유증으로 많은 고급 호텔들의 실적도 악화될 때라 업계에선 '더 이상 고급 호텔은 필요 없다'는 보고서도 쏟아졌습니다. 역사와 전통을 가진 호텔이 즐비한데, 처음 듣는 브랜드의 고급 호텔이 들어서면 무조건 망한다고 본 것이지요. '어리석은 캐나다인'이란 놀림도 들었습니다. 투자자들은 제게 차라리 객실 수를 100개 정도 늘려 비즈니스호텔을 만들자고 말했습니다. 하지만 전 자신 있었습니다. 경제가 회복되면 호텔업은 살아날 것이고, 최고급 호텔에서 묵기를 원하는 부유한 사업가도 늘어날 것이라고 생각했습니다. 제가 주 고객층으로 생각한 건 런던을 방문한 북미 부유층과 사업가였습니다. 전 런던의 그 어떤 호텔보다 그들이 원하는 것을 잘 알 수 있다고 생각했습니다. 그리고 제 예상은 맞았습니다. 문을 연 첫해 런던 포시즌스는 유럽 내 '올해의 호텔'로 선정됐습니다."

호텔리어 출신도 아닌 건축가 출신인 샤프는 투숙객들을 위해 24시간 음식을 먹을 수 있는 룸서비스, 24시간 구두 닦기와 다림질 서비스를 처음으로 도입했다.

"제가 호텔업을 시작한 후 '최초'자가 붙은 서비스만 25가지를 도입했습니다."

여자 형제가 3명이나 있던 샤프는 여자들이 작은 수건으로 몸을 닦을 때 불편해 하는 것에 착안하여, 북미 호텔 중 처음으로 큰 수건을 설치했다. 또한 담배 냄새 나는 걸 싫어하는 친구를 보고 금연 층을 따로 두었으며, 매일 운동하는 사람에게 맞춰 호텔 내 피트니스 센터도 마련하였다.

샤프는 생각에 그치지 않았으며, 바로 행동으로 옮겼다. 그리고 새로운 시도를 끊임없이 실천했다. 그 바탕이 지금의 세계적인 럭셔리 호텔 포시즌스(이세돌 9단과 알파고가 세기의 대결을 펼쳤던 곳은 포시즌스호텔서울)를 만들었다.

> 제게는 좋은 아이디어가 있었고, 그것을 완성하고 싶었습니다. 그리고 저 자신을 믿었습니다. 당신에게도 좋은 아이디어가 있다면 자신을 믿고 시도하세요. 세상에는 생각보다 많은 기회가 있고 당신에게 그 기회가 다가갈 것입니다.
>
> ― 〈조선일보〉 2016년 2월 20일자

내가 되고자 하고자 하는 게 있으면 생각하고, 또 생각하여 상상하여라. 상상은 곧 이미지화 된다. 이미지화 된 상상과 생각이 우리의 무의식을 지배하여, 어떤 일을 하든 우선순위에 두게 된다. 우리는 그 어떤 존재라도 될 수 있다는 믿음을 가져야 한다. 과거의 나의 생각대로 현재의 모습이 된 것이며, 지금 하는 나의 생각대로 미래의 나를 만들 수 있을 것이다. 생각이 나를 만든다. 부정적인 생각을 늘 한다고 생각해 보라. 아무것도 할 수 없게 된다. 아무것도 아닌 일도 못하게 되는 것이 부정의 힘이다. '이번에도 실패할 거야', '해 본 적 없어 할 수 없어', '내가 아니어도 누군가 할 거야', '나는 이런 거 못해', '나 같은 사람이 어떻게 해', '행운은 나에겐 오지 않아.'라고 생각한다면, 끝이 없다. 시도조차 못하고 패배하는 것이다. 긍정으로 생각을 바꿔 보자.

'해 본 적 없지만 재미있을 것 같아. 해볼래', '내가 아니면 아무도 못해', '나는 원래 새로운 도전을 좋아해. 이번해도 잘 해낼 수 있을 거야', '나도 할 수 있어!', '노력했으니까 이번엔 나에게 행운이 올 거야.'

어떤가. 뭔가 새로이 시작되는 기분, 봄에 새싹이 파릇파릇 올라오는 기분 좋은 느낌이 들지 않는가. 뭔가 반은 해놓은 기분이 들것이다. 시작이 반이라는 이야기는 괜히 있는 게 아니다. 칭찬은 고래도 춤추게 한다 했다. 긍정과 부정을 아이들에게 적용해 보면 바로 알 수 있다. 아이들을 실험한다는 이야기가 아니다. 칭찬을 많이 받은 아이들은 항상 긍정적이고 밝다. 자신감으로 뭔가 항상 시도한다. 성인이라고 다른가? 아니다. 맛있는 저녁 한 상 차려 놓았는데, 맛있다고 먹는 아이들을 보면 기분이 좋다. 내일은 또 어떤 맛있는 반찬을 할지 생각에 잠기기도 한다.

하지만, 사람이란 존재가 그렇다. 일이 잘 풀리지 않거나, 뭔가 자꾸 일이 꼬일 때 마다 부정의 기운은 항상 그 틈을 타 우리 안에 들어온다. 나도 마찬가지이다. 그럴 때 마다 어떻게 대처 하는가. 대처법이 중요하다. 그대로 술을 퍼 마시고, 방에서 머리만 싸매고 있는다고 일은 해결되지 않는다.

나는 음악을 들으며 긍정의 기운을 주는 책을 읽는 편이다. 그럼 빈 틈으로 들어온 부정의 생각들이 나가곤 한다. 사람마다 방법은 다르다. 여행을 가는 사람. 노래를 부르는 사람. 좋은 그림을 보는 사람. 운동을 하는 사람. 방법은 많다. 나만의 방법을 찾아 보자.

> 반드시 성공하고 말겠다는 긍정적이고 적극적인 사고로 바뀌어야 한다. 생각의 변화가 없으면 행동 역시 변화되지 않는 법이다. 생각을 바꿔야 행동이 바뀌고, 습관이 바뀐다. 그래서 생각이 바뀌면 세상에 못할 것이 없는 것이다.
>
> ―『성과를 내는 1%비밀』 이정훈 저, 리더북스, 2010, 106쪽

내가 책을 처음 읽기 시작했을 땐 책을 읽어도 항상 부정의 생각들이었다. 부정적으로 생각하는 습관은 쉽게 없어지지 않았다. 책을 읽어도, 책에 나오는 사람이니까 뭔가 다 가능해 보였던 것이다. 마음 깊은 곳부터 꼬여 있어서 책 조금 읽는다고 부정에서부터 쉽게 벗어날 수 없었다. 그땐 부정의 생각들이 날 지배했다고 생각하지 않았기에 떨쳐내야 한다는 것도 몰랐다. 그저 난 잘 안 되는 사람이라고 생

각했다. 하지만, 내 안의 부정의 생각들은 책을 한 권, 두 권, 세 권 읽으면서 서서히 내 안에서 빠져나갔다. 정확히 언제인지 모르게 부정의 생각들이 긍정으로 바뀌었고, 지금은 부정의 생각들이 잠시잠깐 들라치면, 그래 나도 사람인지라 나쁜 생각이 안들 수 없지. 하지만, 안 돼! 정신 차리자 하며, 이내 긍정적인 생각으로 나를 바꾼다.

생각이 곧 그 사람이 된다. 생각은 늘 누구나 한다. '오늘은 뭐 먹지?' 이것도 생각이다. 긍정적인 생각 좋다. 그렇다면 그 다음에는 어떻게 생각할 것인가? 생각만 해서는 아무것도 바뀌지 않는다.

긍정적인 생각을 하면 어떻게 될까? '난 할 수 있어'라는 자기 신뢰, 자기 긍정의 생각을 하면 자신감이 생기고, 인간관계에서도 너그러워진다. 평소 기분이 좋을 때 웃어넘길 일도 기분이 언짢을 때는 화내고 싸우는 예가 얼마나 많은가. 그뿐 아니다. 긍정적인 생각을 하면 창의력도 생겨나고 면역기능도 좋아지며 동작성지능이 회복되는 예를 많이 본다. 흔히 말하는 플라시보 효과placebo effect도 긍정적인 생각이 가져오는 대표적인 사례다. 긍정적인 생각은 긍정적인 감정을 불러일으키고 긍정적인 행동으로 나타난다.

— 『CEO, 마음을 읽다』 양창순 저, 위즈덤하우스, 2010, 174쪽

책도 마찬가지이다. 책만 읽는다고 아무것도 바뀌지 않는다. 바로 행동이고 실천이다. '오늘부터 운동을 시작해야지', '오늘부터 다이어트 해야지'라고 많은 이들이 생각한다. 그래서 다이어트에 성공하는

이들이 얼마나 되는가. 생각대로 운동해야지 했으면, 하루에 어떤 운동을 어떻게, 언제, 얼마나 할지 구체적으로 계획하고, 행동으로 옮겨라. 구체적인 계획도 행동으로 될지 안 될지는 본인의 의지이다.

생각대로 움직이지 않으며, 매일 운동하지 않으며, 본인은 괜찮다고 스스로를 위안할 것인가? 자신의 몸을 보며 언제까지 '아직 괜찮네…'라고 생각할 것인가?

되고 싶은 대로 생각하라. 그렇지 않으면 지금 내 모습 이대로 쭉~ 간다. 어느 책에선가 보았다.
"이대로 쭉~ 살아도 괜찮은가?"
아니면 생각부터 바꿔라.
삼성전자 이건희 회장의 말처럼.

"부자처럼 생각하고 부자처럼 행동하라. 그러면 나도 모르는 사이에 부자가 되어 있다."
"항상 기뻐하라. 그래야 기뻐할 일들이 줄줄이 따라온다."

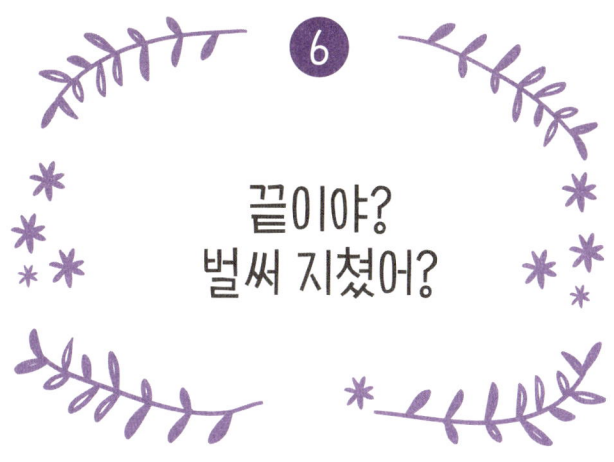

끝이야?
벌써 지쳤어?

"불가능이 무엇인가는 말하기 어렵다.
어제의 꿈은 오늘의 희망이며 내일의 현실이기 때문이다."
— 로버트 고다드(미국의 물리학자)

　수포자, 영포자 라고 들어 보았는가. 최근 생겨난 신조어이다. 수포자는 수학을 포기한 사람, 영포자는 영어를 포기한 사람을 일컬어 하는 표현이다. 그럼 나는 공포자(공부를 포기한 사람)였나? 라는 생각이 들어 웃음만 나온다. 공부뿐만이 아니다. 우리 주변엔 꿈포자(꿈을 포기한 사람들)들도 많다. '꿈을 포기 했다.'라는 건 처음부터 자기의 꿈이 아니기에 포기 할 수 있는 것이다.

　학창 시절 "보통 꿈이 뭐예요?"라고 물을 때 저는 "의사가 꿈이에요.", "변호사가 꿈이에요"라고 답하는 친구들에게 '왜'냐고 물어보면, "엄마가 의사되래요."라고 답하는 친구들이 굉장히 많다. 정작 본인이 무엇을 하고 싶은지 아직 찾지도 못한 나이에 어려서부터 엄마가 주입을 시키는 경우다. 이런 경우 본인도 모르게 그게 정작 본인의 꿈인줄 알고 착각하고 살아가는 경우가 있다. 대학까지 엄마가 가라는 곳으로 갔는데, 어느 날 뒤돌아보면 정작 내가 하고 싶은 게 뭐였는지도 몰라 그제 서야 혼란스러워하는 청년들을 보곤 한다. 이런 꿈은 이루어지지도 않을뿐더러 포기도 쉬운 게 당연하다. 달리는 말이 시야가 좁아져 앞만 보고 달리는 것과 무엇이 다른가.

> 꿈이 없는 것은 능력이 부족한 탓이 아니다. 우연히 꿈을 만나게 될 계기나 환경을 만나지 못해 당신의 열정이 끓어오를 기회가 없었던 것이다. 단지 정보나 사람들을 접하지 못했을 뿐이다.
> ―『내일을 바꾸는 3분 습관』, 모치즈키 도시타카 저, 비즈니스북스, 2012, 144쪽

꿈은 한 순간에 찾아오기도 하지만, 그렇지 않은 경우도 있다. 내가 꿈이 없다고 좌절할 필요도 없다. 지금부터 찾아도 된다. 어린나이에 꿈을 찾았다면 정말 행운아다. 어릴 때부터 본인의 꿈을 위해 노력하고 끊임없이 도전한다는 게 얼마나 큰 행복인가. 꿈이 있다고 바로 이루어지면 또 얼마나 좋을까? 내가 해리포터도 아니고, 동화책에 자주 등장하는 요정도 아니니, 이루어질리 만무하다. 꿈을 이루기 위해 누구나 그 만한 노력과 정성이 필요하다.

피겨 여왕 김연아도 하루아침에 그 정상에 올라선 건 아니다. 7살 때부터 피겨를 시작하면서 본인의 꿈을 키워왔다. 본인의 일기, 초등

학교 담임선생님의 편지에도 그녀는 세계 최고의 피겨 선수가 되겠다고 말해왔다. 한 인터뷰에서 그녀는 "동작 하나를 익히기 위해 1만 번을 연습한다."라고 했다. 그녀는 그렇게 해서 세계정상에 설 수 있었던 것이다.

 부모들이 조기교육이다 뭐다 하면서 어릴 때부터 아이들 공부 가리킨다고 이 학원 저 학원 보내는 데, 그게 중요한 게 아니다. 내 아이의 꿈을 발견하는 게 가장 중요한 숙제다. 꿈이 있어 그 꿈을 위해 공부하는 아이와 아무 생각 없이 수업시간을 보내고, 시험을 치르는 아이의 차이는 엄청나다. 내 아이가 공부 잘하길 원한다면, 꿈을 찾는 게 우선이다. 그렇다고 꿈을 대신 할 순 없는 노릇이다. 무엇보다 어릴 때부터 많은 경험을 하는 게 중요하다. 모든 걸 한 번에 경험 할 수는 없는 노릇이다.

 책을 이용하라. 책에는 많은 이들의 경험을 간접적으로 대신 체험 할 수 있게 해주니 얼마나 좋은가. 책을 읽어 본인이 관심 있는 분야가 있다면 점점 파고들게 될 것이다. 지금 당장 없다고 좌절하지 마라. 그 꿈을 찾는 과정에서도 우리는 많은 걸 경험하고, 그 경험이 모두 배움이고 과정이다.

 1년에 발레 슈즈를 1,000개나 갈아치운다는 발레리나 국립발레단 단장 강수진. 어릴 적 꿈은 승무원이었던 그녀가, 사실은 남들보다 조금은 늦게 발레에 입문하였다.

"중학교 때 발레를 좋아하게 된 후부터 공부도 잘해야겠다고 생각했어요. 그 기준을 되도록 90점 아래로 내려가지 않는 것으로 정했죠. 매일 새벽 4시에 첫 버스를 타고 남산 도서관에 갔어요. 가서 반나절은 잤지만 제 발전을 위해 매일 스스로 무언가를 한다는 자체가 좋았어요."

― 『우먼 동아일보』 2015. 3. 5 인터뷰

1981년 모나코 왕립 발레 학교로 그녀는 어린나이에 혼자 유학길을 떠났다. 가장 힘들었던 시기로 스트레스 때문에 몸무게가 10kg 이상 넘게 살이 찌기도 했다. 전성기 때는 하루에 19시간씩 발레 연습을 했다.

"전성기 때는 물론이고 현재도 2~3시간 수면을 한다."
"전성기 땐 연습시간이 부족해서 그렇게 적게 잤는데 지금은 습관이 돼서 2~3시간만 자도 행복하다. 나도 내가 살아 있는 게 신기하다"라고 말하는 그녀다.

김연아 선수가 어릴 적 피겨의 꿈을 발견하지 않고, 강수진 발레리나가 발레의 길이 아닌 승무원의 길을 선택했더라면, 지금의 김연아, 강수진이라는 이름을 우리가 알 수 있었을까? 라는 의문을 품을 수

밖에 없다.

당신의 심장을 뛰게 하는 것은 무엇인가? 시간 가는 줄 모르고 뭔가에 집중하는 무언가가 있지 않은가? 지금 당신의 심장을 뛰게 하는 그 무엇가가 있다면 당장 시작해 보라. 처음부터 잘 하는 이는 없다. 뭐든 처음은 서툴기 나름이다.

자전거를 처음 배울 때 생각해 보라. 처음부터 잘 탈 거라 기대하는 이는 없다. 뒤에서 잡아주며 타서 넘어지기를 수십 번, 다시 일어서서 타는 것을 반복하며, 우리는 배운다. 어떻게 하면 덜 넘어지는지. 어떻게 하면 중심을 잡을 수 있는지. 그러기를 반복하다 보면 어느새 혼자 자전거를 탈 수 있게 된다. 모든 일의 시작이 이러하다.

일도 마찬가지이다. 처음 신입사원 때부터 잘한 이들이 있는가? 처음 환경도 적응해야 하고 모든 일이 어렵고 낯설다. 하지만 하루가 다르고, 일주일이 다르다. 우리는 그렇게 회사에 적응하고, 사회에 적응하며 살고 있다.

오늘 도전하면, 내일은 오늘보다 나은 내일이 되고, 모레는 처음보다 수월한 하루가 될 수 있다.

지금 내 가슴에 있는 꿈이 진짜 꿈인지 아닌 지는 중요하지 않다. 진짜 나의 꿈을 찾아 다시 시작하면 된다. 하지만, 내 꿈을 구별하기는 어렵지 않다. 가슴이 뛰는가, 아닌가의 차이다.

가짜 꿈, 노력은 안 하고 막연히 꿈만 꾸고 이루어지길 바란다.

진짜 꿈, 실패하고 넘어지더라도 끊임없이 계속 노력하고, 달려간다.

"쉽게 시작한 일은 점점 더 어려워지고, 어려워도 제대로 시작하면 점점 더 쉬워진다."

— 커널 할랜드 샌더스(KFC 창업자)

20대 후반에 학교 선배와 같이 인터넷쇼핑몰을 창업했던 적이 있다. 당시 소자본으로 창업할 수 있었던 쇼핑몰 창업. 점포도 필요 없기에 쉽게 도전할 수 있었다. 돈 좀 벌어보자는 욕심에 시작했다. 하지만 막상 뛰어드니 완전히 달랐다. 처음 시도할 때부터 유행에 따랐다는 게 문제다. 쉽게 접근할 수 있는 건 맞지만, 그곳에서 살아남기에는 어려웠던 것이다.

요즘도, 하루에 생겨나는 쇼핑몰이 수백 건에 이르고 폐업하는 건 수도 수백 건에서 수천 건에 이른다. 그만큼 경쟁이 치열하다.

업무를 세분화하지 않고, 주먹구구 운영했던 것도 문제가 되었다. 처음부터 체계적으로 계획을 잡고, 운영을 했더라면, 조금 더 나은 운영을 했을 거라는 뒤늦은 후회도 가져본다.

모든 일에는 쉽게 되는 일이 없다. 그만큼 배우고 노력을 기울여야 하는 것이다.

내가 포기했던 꿈. 되돌아보면 그건 꿈이 아니었기에 포기가 가능했었다. 꿈이란 것은 오로지 한 가지 목적을 위해 수단과 방법을 가리지 않고, 시도하게 된다. 실패를 실패라 생각하지 않고, 좌절을 좌절이라 생각하지 않는다. 하지만, 나는 쉽게 좌절하고, 포기했다. 내 의지 문제라 생각했던 적도 있었다. 하지만, 지금 생각해 보면, 처음부터 내가 하고 싶었던 일이 아니었기에 포기도 쉽고, 인정도 쉬웠던 것이다.

처음부터 쉬운 일은 없다. 무작정 뛰어들지 말고, 내 꿈을 향해 시작하라. 작은 꿈이라도 좋다. 시작이 반이라고 시작만 해도 뭔가 이루어진 듯한 착각을 느낄 것이다. 그렇게 기분 좋은 출발로 내 꿈에 한 단계 다가 가라.

꿈을 실현 할 수 있는 장기적이고, 구체적인 계획을 세워 한 계단씩 오르자. 꿈을 이루기 위한 연 단위 계획, 한 달 계획, 일주일 계획, 하루계획을 세워 실현 가능하게 만들어라. 계획을 세우고, 그 계획을 잘 실천하고 있는지는 하루 10분이면 된다.

노력하는 자만이 꿈을 이룰 자격이 있다. 이젠 가슴에서 시키는 진짜 꿈을 위해 달려가자.

한 번만 더 하자

  물을 끓이는 과정에서 물은 반드시 100도가 되어야 끓는다.
  99도가 되었어도 1도가 모자라면 물은 끓지 않는다. 99도 노력해 놓고, 1도의 순간을 내다보지 못한다면, 끓지 못하는 물이 되고 마는 것이다.

  사람이 미래를 볼 수 있다면, 얼마나 좋을까. 아니 요즘 유행하는 드라마처럼 과거를 어떤 수단을 이용해서라도 바꿀 수 있다면, 우리의 인생은 달라질까? 라는 의문을 조금씩 가져본다.

  마라톤을 뛰어보았는가? 처음 발걸음은 쉽다. 끝이 보이지 않는 시작이나, 처음에 뛸 때는 설레기까지 한다. 하지만 기분 좋은 출발도 잠시, 이내 고비가 찾아온다. 발걸음은 점점 무거워 지고, 내발이 내발인지, 내 몸까지 컨트롤이 안 되는 지경이 오고, 숨은 턱까지 차오른다. 그러다가 쓰러지기 일보직전이다. 여기서 많은 이들이 포기한다. 아직 목적지까지는 반 이상 더 남은 상황. 이대로는 안 될 것 같아, 더 고생하기 전에 포기하는 것이다.

고생이라 생각 했다면, 처음부터 마라톤을 뛰겠다는 시도는 왜 했는가? 마라톤이라는 운동자체가 나를 뛰어넘는 도전이다. 평소에 달리는 연습도 하지 않고, 무작정 마라톤에 도전한 사람이라면 더욱 힘들다.

운동선수도 아니고, 욕심을 버려야 한다. 잠시 쉬었다 가기도 하고, 걷는 것도 좋다. 딱 한걸음만 더 가자. 그 한걸음이 두 걸음이 되고, 세 걸음이 되면서 고비를 딛고 일어설 수 있는 것이다. 힘들 땐 쉬어가는 것도 방법이다. 무리하다가는 이내 곧 쓰러지고 만다.

하지만, 꾸준히 마라톤 준비를 하며, 페이스조절을 한 사람은 다르다. 호흡을 한 번에 몰아쉬지 않고, 한 호흡 까지도 조절을 하는 것이다. 무거웠던 발걸음은 한결 나아진 듯 하고, 어느덧 저 멀리 목적지까지 흐릿하게 보이는 듯하다.

운동에도 방법이 있고, 요령이 있다. 무작정 덤벼들었다가는 누구나 낭패를 본다.

누구에게나 고비는 찾아온다. 그 고비를 어떻게 넘기는 가에 따라 달라진다. 그리고 그 고비를 뛰어넘은 사람만이 진정한 승리의 기쁨을 맞이할 수 있다.

우리의 인생이 이 마라톤과 흡사 닮아 있다.

　승자들은 과거의 실패에 대하여 얘기할 때, '다음에는'이라는 구절을 많이 사용한다. '다음에는 한 번 더 도전해야지'하는 식이다. 과거의 실패가 미래에 도움이 되고 교훈이 되는 것이다. 승자는 패배를 두려워하지 않는다. 다만 승리할 때까지 도전할 뿐이다.
　　　　　　　　　　　ー『충고』임창우 저, 신원문화사, 2009, 161쪽

『바람과 함께 사라지다』마가렛 미첼.

남북전쟁 당시 종군기자였던 미첼은 전쟁터에서 부상을 당하고, 고향 애틀랜타에 돌아와 쉬고 있었다. 이 기간에 구상한 작품이『바람과 함께 사라지다』였는데, 5년 여의 각고 끝에 소설을 완성했지만 어느 누구도 출판을 해 주지 않았다. 그렇게 7년이 지난 어느 날, 뉴욕에 있는 큰 출판사인 맥밀란의 사장 레이슨이 애틀랜타에 왔다가 기차로 돌아간다는 신문기사가 미첼의 눈에 띄었다.

미첼은 원고 보따리를 가지고 역으로 달려갔다. 그리고 막 승차하려는 레이슨 사장에게 원고 보따리를 주면서 말했다

"사장님 제가 쓴 소설 원고인 데요. 읽어 보시고 관심 있으시면 연락 주십시오."

그러나 레이슨 사장은 원고 보따리를 선반 위에 집어던지고 관심조차 두지 않았다. 기차를 탄 지 두 시간쯤 지났을 때 여객차장이 전보 한 장을 갖다 주었다.

'레이슨 사장님, 원고를 읽어보셨습니까? 아직 안 읽으셨다면 첫 페이지만이라도 읽어 주십시오.'

전보를 받고서도 레이슨은 별 관심을 두지 않았다. 그런데 다시 두 시간쯤 지났을 때 똑같은 내용의 전보가 또다시 날아왔다. 그래도 레이슨은 관심을 두지 않았다.

그 후 또 두 시간이 지난 뒤 세 번째의 전보가 배달되었다. 그제야 레이슨은 '도대체 무슨 얘길 썼기에 이 야단인가?' 하고 원고 보따리를 풀어서 첫 페이지를 읽기 시작했다. 그러고는 기차가 뉴욕 역에 도착하는 것도 모르고 그 내용에 심취되었다.

결국 레이슨 사장은 소설을 출판하기로 결정하였고, 그렇게 출간된 『바람과 함께 사라지다』는 추후에 영화로까지 제작되어 우리 곁에 훌륭한 명작으로 남았다.

더이상 힘들어 한 발짝도 뗄 수 없을 때, 승패는 그때부터다. 포기하고 주저앉느냐, 다시 한 걸음 걷느냐의 차이. 끝이라고 생각될 때가 다시 일어서야 할 때이다.

PART 4

서른다섯, 찾아라!

- 스무 살, 처음 책과 마주하다
- 살기 위한 몸부림
- 10분만 봐 줄래?
- 힐링으로 소통하라
- 내 손에 지금 들려 있는 건 흙수저야 금수저야?
- 한 권이 지루하다면 여러 권을 동시에 읽어라

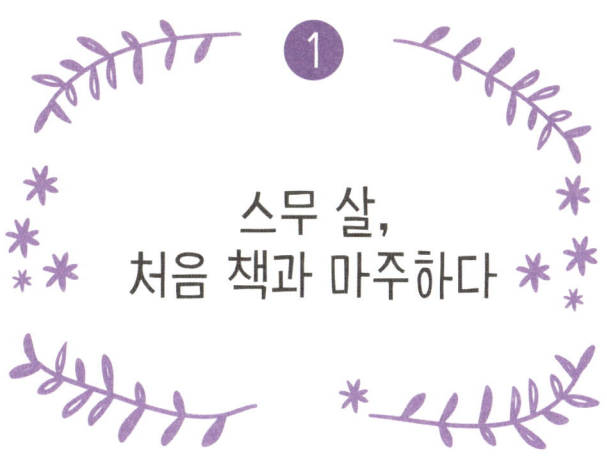

스무 살,
처음 책과 마주하다

"다문다독다상량(多聞多讀多商量) 많이 듣고 많이 읽으며, 많이 생각한다."
― 구양수(중국 송나라 정치가)

    나는 학창시절에 단 한 권의 책도 읽지 않았다. 교과서도 잘 안 보는데 독서가 웬 말인가. 가끔 보는 책이라곤 만화책이 전부였다. 십 대에 책과 조금만 더 친했더라면, 지금과 다른 삶을 살고 있을까? 가끔 혼자 생각해 본다. 그런 내가 책과 친해진 계기는 학교 도서관이었다. 만약 그 계기가 없었다면 지금도 책을 읽지 않았을 것이다.

    친구의 소개로 학교 도서관에서 근로학생으로 학교 내에서 아르바이트를 할 수 있었다. 책을 좋아 하지도 읽지도 않는 내가 도서관에서 아르바이트라니 무지 지루할 듯했다. 처음엔 좀 망설였다. 하지만, 그 당시 책을 읽지는 않았지만, 워낙 새 책 냄새는 좋아했던 터라 그냥 시작했다.

　시작은 좋았다. 생각보다 지루하지도 않았고, 오히려 조용하니 좋았다. 일도 어렵지 않았다. 학생들이 책 대출신청을 하면, 해당 책을 대출해 주고, 반납 받은 책은 책서고 제자리에 정리하는 일이 대부분이었다. 그러나 일이 익숙해지자 점점 지루해졌다.

　그때, 유난히 인기 많은 책들이 눈에 들어오기 시작했고, 나도 모르는 사이에 책을 살펴보게 되었다. '이 책이 왜 이렇게 인기가 있지?' 책 표지나, 제목부터 한 권씩 살피기 시작했고, 나중에는 나도 모르게 그 책을 읽기 시작했다. 그렇게 책 무더기 속에서 친해질 수밖에 없는 환경에 나는 책과 친해지게 되었다.

　학교 도서관에서 처음 읽기 시작한 책은 바로 판타지 소설 방진하 작가의 『마왕의 육아일기』였다. 판타지 책을 처음 접한 나로서는 어찌나 재미있던지 만화책과는 또 다른 묘미를 느꼈다. '책도 이렇게 재미있을 수 있구나'라는 걸 처음 알았고, 그 때부터 판타지 소설을 읽게 되었고, 아마 그때부터 나의 꿈이 가슴속에서 스멀스멀 피어올랐던 것 같다.

　나도 언젠가는 나만의 이야기를 쓰는 작가가 되고 싶었다. 하지만 그땐 그냥 막연한 꿈이었다. 이루겠다는 생각도 하지 않았고, 꿈이란 그냥 이루어질 수 없으니 꿈이라도 꾸는 건 줄로만 알았다. 지금에서야 그게 잘 못 되었다는 걸 알지만 당시에는 누구하나 내 꿈에 대해 말해 주는 이가 없었다.

독서라는 게 그렇다. 아무리 좋다고 권해도 책을 읽지 않는 이들은 모른다. 간혹 친구들에게 책이라도 선물하면, 대부분 '차라리 먹을 것을 주지 보지도 않는 책을 주냐~'라고 말한다. 나 또한 그랬다. 우리 남편도 일 년에 책 한 권도 읽지 않는 사람들 중의 한 명이다. 요즘엔 스마트폰의 보급으로 더더욱 책 읽는 사람을 찾아보기가 힘들다. 내 주변만 봐도 그렇다. 책을 읽는 사람은 나 밖에 없는 것같다.

책을 읽지 않는 이들은 책을 읽을 시간이 없다고 말한다. 책은 시간 날 때 읽는 게 아니라, 시간을 내서 읽고 남은 시간에 다른 일을 해야 한다. 시간이 없다는 이들을 보면, TV나 게임할 시간은 있으면서 책 읽을 시간이 없다 말한다.

굳이 어렵게 시작할 필요가 없다. 책을 읽고 싶다는 마음만 있다면 하나씩 도전할 수 있다. 책을 읽기 전 자기 자신부터 먼저 알아야 한다. 적을 알아야 백전백승. 나를 알아야 책도 읽을 수 있다.

- 내가 좋아하는 분야는 무엇인가?
- 취미 또는 특기는 무엇인가?
- 배우고 싶은 것이 있다면 무엇인가?
- 자기계발을 한다면, 어떠한 항목?

질문은 만들기 나름이다. 어느 정도 본인을 파악하고 길이 보이면, 곧장 서점에 가면 된다. 취미가 요리인 사람은 요리 책부터 보는 게 도움이 될 것이고, 운동을 좋아한다면 스포츠 관련서적을 보면 흥미가 있을 것이다.

이처럼 처음엔 본인 관심 분야의 책부터 살펴보는 게 좋다. 그래야 흥미도 생기고, 지루하지 않아 책을 한 장, 두 장, 읽어 나갈 수 있다. 자신의 분야가 아니더라도 스포츠 잡지나, 육아잡지 등 잡지책으로 시작하는 것도 좋다. 일단 책과 친해지는 게 우선이다.

시간 날 때마다 서점이나 도서관에 자주 가라. 아이들이 성장할 때 환경이 무엇보다 중요하듯이 성인도 마찬가지다. 환경이 그 사람을 만든다. 책 읽는 분위기에 익숙해져라.

이 외에도 책과 친해질 수 있는 방법은 여러 가지가 있다. 문제는 자기의지이다. 본인이 마음에 없으면 아무리 좋은 이야기를 해 주어도 한 귀로 듣고 바로 흘러버린다.

"니들이 내 나이 되 봐야 알지~ 나중에 후회하지 말고, 지금 해라~"
바로 우리 아버지께서 학창시절 늘 나에게 하시던 말씀이다. 그땐 아빠는 맨날 저 소리만 한다고 오빠와 투정을 부렸는데, 다 잔소리로만 들리던 것이 이제 와서 이해할 수 있게 되었다.

그렇게 어린 시절 책 한권 읽지 않던 나는 스무 살이 돼서야 책을 읽게 되었고, 엄마가 된 지금도 매일 책을 옆에 끼고 살고, 우리 집 아이들도 책 읽는 엄마 따라서 밤마다 서로 각자의 책을 읽느라 바쁘다. 남편은 현재도 책을 읽지 않지만, 나는 상상한다. 우리 식구가 한 책상에 둘러앉아 책 읽는 모습을……. 그리고 믿는다.

　지금의 나는 우리 아이들에게 말한다. 책 속에 답이 있고, 길이 있다고.
　지금 가슴이 답답하고, 일이 풀리지 않는 당신이라면, 당신도 책부터 읽어보라. 안 되는 일 가지고 머리 싸매고 있는다고 해결되진 않는다. 책을 읽어 기분 전환도 하고, 답답한 가슴도 풀어버려라. 그러면 조급한 마음도 한결 나아질 것이다.

　"한 권의 책을 읽음으로써 자신의 삶에서 새 시대를 본 사람이 너무나 많다."

― 헨리 데이비드 소로우

　"나는 삶을 변화시키는 아이디어를 항상 책에서 얻었다."

― 벨 훅스

　"남의 책을 많이 읽어라. 남이 고생하여 얻은 지식을 아주 쉽게 내 것으로 만들 수 있고, 그것으로 자기 발전을 이룰 수 있다."

― 소크라테스

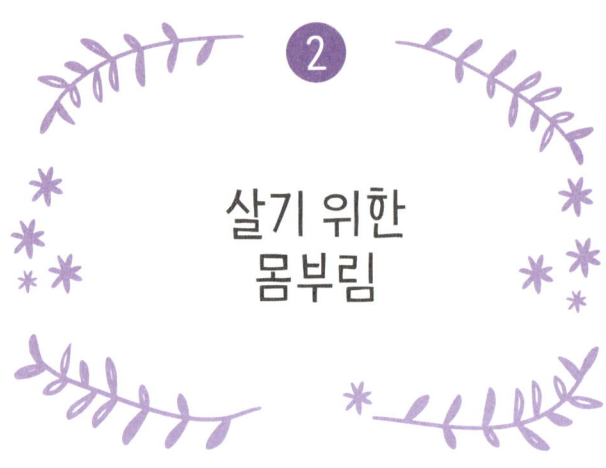

2
살기 위한 몸부림

"만일 당신이 내일 아침에 오늘보다 더 나은 사람이 되어 깨어나고 싶다면
잠들기 전에 책을 펴고 단 세 장이라도 읽어라"
— 오프라 윈프리

밥은 생존의 문제다. 마찬가지로 독서는 생존을 위해 우리 머리에 매일 밥이란 영양분을 주는 행위다.
— 『창의력은 밥이다』, 김광희 저, 넥서스BIZ, 2011, 62쪽

밥을 먹지 않으면, 우리가 생존할 수 없듯이 책 읽기를 하지 않는 이는 곧 죽음의 길로 들어선다 해도 과언은 아니다. 생존에 있어서 독서는 밥 이상으로 필적할 만한 대상이다.

책 읽기 중요성은 아무리 강조해도 지나치지 않는다. 아이들 학교에서도 마찬가지다. 요즘은 학교에서도 아이들에게 독서를 강조하고 있다. 모든 과목이 스토리텔링 형식의 문제가 많아짐으로써 책 읽기

가 수준이 안 되는 아이들은 문제를 이해하기 힘들어 수학도 문제를 이해하지 못해 풀지 못하는 경우가 생기기도 한다.

 책을 읽지 않는 이들은 왜 책을 안 읽을까? 책을 읽을 필요성을 느끼지 못하기 때문이다.

 책을 읽지 않는 이들이 흔히 하는 말이 "돈이 생기냐? 떡이 생기냐?"이다. 이런 말을 들을 때 정말 허탈하기가 짝이 없다. 돈도 생기지 않는데, 뭐 하러 돈 쓰며, 시간 쓰며 책을 읽느냐는 것이다. 게임은 재미라도 있지. 책은 재미도 없다는 것이다.

 정말 책을 읽지 않는 사람들이 하는 말이다. 책을 조금이라도 읽는 사람이라면, "돈이 생기냐?"라는 어이없는 질문을 안 한다.

 책을 읽는다고, 지금 당장 달라지는 건 없다. 달라지는 게 없다고 책을 읽지 않으면 미래에도 변하는 게 아무것도 없다. 내 삶이 뭔가 달라지고 싶다면, 하루하루 성장하는 나를 만나고 싶다면, 지금 당장 책을 읽어야 한다. 지금 내가 아무것도 안 하면서, 미래에 다른 나를 상상하는 건 말도 안 된다.

 콩나물을 길러 본적이 있는가? 콩나물을 기르려면 하루에도 몇 번씩 물을 부어주어야 한다. 그 물은 고이지도 않는 물이다. 콩나물시루는 물을 주면 밑으로 바로 빠지게 밑이 뚫려 있다. 물을 부어주면, 바로 밑으로 물이 흐른다. 그렇게 주는 물이라도 콩나물은 어떠한가? 하루가, 아니 몇 시간이 다르게 쑥쑥 자란다. 물을 먹었다기보다는, 물 샤워에 가까운 수준인데도 꾸준히 물 샤워를 한 콩은 어느새 우리가 먹을 수 있을 정도로 자란다.

　책도 마찬가지이다. 눈에 보이지 않는다고, 아무 변화가 없는 건 아니다. 마치 아무 일도 없었던 것 같지만, 콩나물이 하루하루 크는 거와 같이 우리의 삶도 마찬가지이다.
　지금 당장 변화가 없다고 징징거리지 말고, 책부터 읽어라. 매일 매일 밥을 먹는다. 물을 먹는다는 생각으로 항상 책을 읽어라. 매일 책을 읽는다고, 달라지는 게 눈에 보이진 않는다. 하지만 1년 후, 몇 년 후에는 지금보다 성장한 콩나물 같은 나를 만날 수 있을 것이다.
　콩나물이 물을 먹은 만큼 성장하듯이, 당신도 책을 읽은 만큼 성상할 수 있다.

　　"좋은 책을 읽는다는 것은 과거 몇 세기의 가장 훌륭한 사람들과 이야기를 나누는 것과 같다."

― 르네 데카르트

　독서의 중요성을 아는 이들은 끊임없이 말한다. 책을 읽어야 할 이유는 분명히 있다. 책을 통해 우린 과거의 위인들을 만날 수 있다. 스티브잡스는 말했다. "소크라테스와 단 10분이라도 대화할 수 있다면, 내 모든 기술과 바꾸겠습니다." 어떻게 우리가 과거의 위인들을 만날 수 있는가. 그건 책이 아니라면 불가능한 이야기다. 현실에서 어떻게 그게 가능하단 말인가.

다른 사람의 지혜와 지식을 이처럼 쉽게 내 것으로 배울 수 있는 것이 바로 독서다.

아직도 독서를 시간 날 때, 혹은 취미로만 읽는 이들도 많다. 이지성 작가는 『20대를 변화시키는 30일 플랜』에서 독서는 더 이상 취미가 아닌 목숨 걸고서라도 읽어야 한다고 강조한다.

> 너무나도 많은 20대가 독서를 취미로 착각하고 있다. 그러나 성공한 사람치고 독서를 취미로 받아들인 사람은 아무도 없다. 성공한 사람들은 모두 독서를 생존으로 받아들인 사람들이다. 아니 독서를 생존으로 받아들이고, 책을 통해 자기 자신을 끝없이 개혁해 나간 결과 성공한 사람들이다. 구체적인 예가 우리나라의 내로라하는 기업의 회장이나 사장들이다. 삼성그룹, 대성그룹, 효성그룹, 동양기전, 이메이션 코리아, 벽산그룹, 이랜드 그룹 같은, 한 마디로 쟁쟁한 기업을 이끌고 있는 사람들은 그 빡빡한 일정 속에서도 1년에 평균 100권에서 200권까지 책을 읽는다. 중소기업이라고 예외는 아니다. 중소기업진흥공단이 발표한 한 자료에 따르면, 성공한 최고 경영자들은 매달 1천여 쪽 이상의 독서를 하는 것으로 나타났다.
>
> 그대 또한 독서에 목숨 거는 사람으로 변화해야 한다. 책을 읽기 위해 매일 새벽 4시에 일어나고, 한 권 이상의 책을 읽지 않으면 절대로 잠자리에 들지 않는 그런 사람이 되어야 한다.
>
> — 〈20대를 변화시키는 30일 플랜〉 이지성 저, 맑은소리, 142쪽

요즘 유행하는 신조어 흙수저, 금수저 라는 말을 들어보았을 게다. 흙수저는 부모의 형편이 힘들어 경제적인 도움을 못 받는 자녀를 말하는 신조어이고, 금수저는 부모의 재력과 능력이 좋아 노력을 하지 않고도 풍족함을 즐길 수 있는 자녀들을 말한다. 흙수저가 한순간에 금수저가 될 순 없다. 우리가 부모를 선택할 수 없듯이 불가능한 일이다. 그럼 대부분의 사람들이 흙수저로 태어나서 어찌하면, 금수저의 삶에 버금가게 살 수 있는가.

> 『인공지능 시대의 삶』의 저자 한기호씨는 한 언론에서 흙수저가 금수저를 이기는 확실한 방법은 어려서부터 함께 책을 읽고 토론을 하고 글을 써보는 것이라고 말한다.
> ─ 『한국일보』 2016. 6. 25.

그렇다. 책이란 짧은 시간 잠깐 읽어서 무언가 될 수 있는 것이 아니다. 하지만, 어려서부터 책을 가까이 하고 읽고, 서로 읽은 책을 이야기하며 공유하는 것을 습관화한다면, 우리의 사고는 지금보다 훨씬 더 넓어 질수 있다.

한 권의 책이 두 권이 되고, 세 권이 되고, 열 권이 되고 백 권, 천 권이 된다. 책 한 권의 차이는 생각보다 크다. 한 권도 그러한데, 하물며, 책을 백 권 읽은 사람과 한 권도 읽지 않은 사람의 차이는 얼마나 클 것인가.

작은 생각의 차이로 흙수저가 금수저를 이길 수 있는 저력이 될 수도 있는 것이다.

대한민국 상위권에 있는 학생들의 공통점은 무엇인가. 다름 아닌 독서다. 성공한 이들 대부분이 다독가였던 것처럼(현대 – 정주영, 삼성 – 이건희, 이랜드 – 박성수, 안철수 국회의원,) 몇 명만 나열해도 마찬가지다. 바쁜 일상 속에도 책을 멀리한 이는 하나도 없었다. 학생들도 예외는 아니다. 어려서부터 독서를 시작해야 책 읽는 습관도 생기는 것이다. 그래야 책 읽는 것도 좋아하고, 책을 넘어 문제 이해력까지도 남들보다 앞설 수 있다.

책을 읽어야 할 이유는 너무나도 많다. IT기술 발달로 컴퓨터와 로봇이 지배하는 세상이 빠르게 다가오고 있다. 미래학의 아버지로 불리는 토마스 프레이가 우리나라의 한 언론에서 2030년이 되면 지금의 일자리 20억 개가 사라진다고 이야기해서 화제가 되기도 하였다.
지금의 직업들 대부분은 컴퓨터나 로봇이 인간의 자리를 대신하거나 아예 없어진다. 그나마 사람을 대하는 직업이나 감성적인 직업은 살아남을 확률이 높다. 하지만 그것도 확신할 수 없다. 지금의 자리를 우리가 지키는 방법은 무엇인가. 손 놓고 그 날을 기다릴 것이 아니라 최소한의 독서라도 해야 한다. 독서를 통해 더 많은 경험을 쌓고, 더 많은 생각과 사고를 해야 한다. 더 창의적인 내가 되기 위해, 아니 미래에 살아남기 위해 우린 지금부터라도 책을 가까이 하고, 필사적으로 읽어야 한다.

  더 이상 미루지 마라. 책을 읽으면 새로운 세상을 만날 것이다. 시간 없다는 말은 다 핑계에 불과하다. TV보는 시간, 출퇴근 시간, 화장실 가는 시간, 스마트폰 웹서핑하는 시간은 있지 않은가. 그 시간을 조금만 줄여서 조금씩이라도 책 읽는 습관을 들여야 한다. 하루 한 장. 한 장도 많다면 하루 3~5줄을 목표로 책을 읽어 보라. 어느 순간 책 읽는 나를 만날 것이며, 지금보다 변화된 나를 만날 수 있을 것이다.

  평소에 책을 읽는 사람과 그렇지 않은 사람은 지금 당장 차이가 없어 보이겠지만 갈수록 큰 격차가 생긴다. '읽기의 마법'이 시작되는 것이다. 현실에서 아등바등 살아가는 사람, 현실이라는 울타리를 마음껏 벗어나 더 큰 세계를 경험하며 살아가는 사람, 그 차이는 책 읽기에서 비롯된다.
  ― 『내 인생의 기적은 한 권의 책에서 시작되었다』 김병완 저, 새로운제안, 2015, 46쪽

나 또한 달라질 수 있다. 그리고 그러길 바란다.

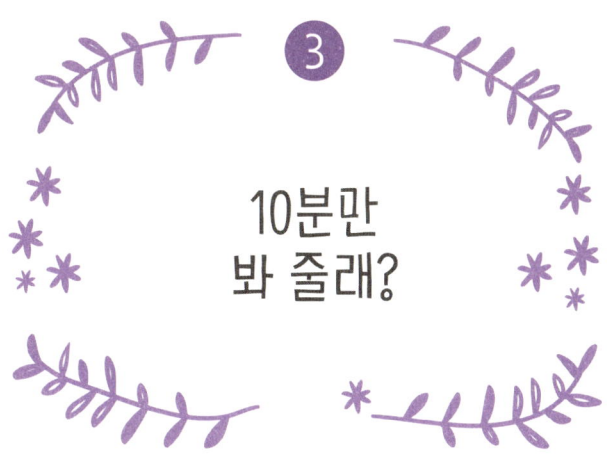

10분만 봐 줄래?

"시간은 인간이 쓸 수 있는 가장 값진 것이다."
— 테오프라스토스(그리스 철학자)

"나의 훌륭한 독서는 화장실에서 이뤄졌다."

— 헨리 밀러, 미국의 소설가

 헨리 밀러 그의 말에 완전 공감한다. 독서하기 좋은 장소 중에서 하나가 바로 화장실이다. 그 좁은 공간에서 짧은 시간 몰입하는 몰입도는 상당하다. 때론 내가 왜 화장실에 왔는지 조차 생각이 들지 않을 정도이다. 하지만 모든 사람이 화장실을 갈 때, 책 혹은 신문을 들고 화장실을 가는 건 아니다.

 우리 집 남편만 봐도 그렇다. 화장실 갈 때 책이 아닌 핸드폰을 들고 들어간다. 그리고는 20분이고, 30분이고 계속 앉아 있는다. 때로는 핸드폰을 하느라 오히려 더 앉아 있게 되는 경우도 생긴다. 그럴 때마다 남편 손에 핸드폰이 아닌 책이 들려 있으면 얼마나 좋을까 하는 생각이 든다.

남편의 처음이자 마지막이었던 독서는 20대 때였다. 삼국지 10권을 3년 동안 읽은 게 처음이자 마지막이라 한다. 그것도 하도 띄엄띄엄 읽어서 책 내용이 이어지지 않는다고 말하는 남편이다.

우리 집은 저녁만 되면 진풍경이 벌어진다. 남편은 핸드폰으로 웹서핑을 하고 아이들 하고 나는 책을 읽기 때문이다. 아이들과 남편은 완전 딴 세상이다. 남편도 같이 책 읽기에 동참하면 좋겠는데, 쉽게 되지 않는 모양이다. 책을 읽어도 집중이 안 되어 몇 줄을 못 읽겠다는 것이다. 그 마음을 전혀 모르는 것은 아니다. 나도 스무 살 이전에는 책을 전혀 좋아하지도, 읽지도 않았으니 말이다.

『책, 열권을 동시에 읽어라』에서 저자 나루케 마코토는 책을 읽지 않는 사람을 일컬어 '원숭이'라고 심하게 표현하기도 했다.

> 좀 심한 말이지만 책을 읽지 않는 사람은 '원숭이'와 다를 바 없다고 나는 생각한다. 그런 사람은 책을 통해 쌓은 지식이 없고, 상상력이 빈곤한 데다, 자기만의 철학이나 주장도 있을 리 없으므로 그저 남의 생각을 마치 자기 생각인양 앵무새처럼 반복하거나 남의 행동을 따

라 하기 바쁜 것이다.

　책을 읽지 않는 사람과의 대화는 그 자체로 고통이다. 반대로 책을 많이 읽는 사람은 지위나 경제력에 관계없이 품격 있고 함축된 이야기를 하기 때문에 함께 있으면 언제나 즐겁고 배우는 게 많다.

― 『책, 열권을 동시에 읽어라』 나루케 마코토 저, 뜨인돌, 2009, 70쪽

독서는 이제 현대사회에서 선택이 아니라 필수다. 책을 읽는 사람과 읽지 않는 사람의 차이는 점점 커질 수밖에 없다.

　아직도 시간이 없어 책을 읽을 수 없다 말하는 이들이 있다. 다른 데는 시간을 물 쓰듯이 쓰면서 왜 시간이 없을까? 시간을 만들 수 없다면 짜투리 시간을 활용해 보자. 직장인이라면 출퇴근 시간만 책을 읽어도 하루 10분독서는 충분히 하고도 남는다.

　게임이 사람을 더 버려놓는 듯하다. 대화상대 친구들과 모든 게임이 연결되어있으니 은근히 경쟁을 유발한다. '내가 그래도 쟤는 이겨야지' 하는 욕심을 가지고 있다. 처음 이 게임이 나왔을 때 낮이고 밤이고, 친구들과 지인에게 게임 하트가 날아와서 신경 쓰였던 적이 한두 번이 아니다. 지금은 아예 차단을 시켰지만, 그때만 해도 이슈게임이라 너도 나도 안 하는 이들이 없었다.

　나도 게임을 좋아한다. 한번 빠지면 날 새고 계속하는 편이라서 아예 처음부터 하지 않으려 무단히 노력한다. 노는 거 싫어하는 사람이 어디 있으랴…….

게임이 무작정 나쁘다는 건 아니다. 과도한 스트레스 푸는 정도의 잠깐의 휴식을 취할 수 있다면 좋다. 하지만 요즘 이들은 그 강도가 너무 심하다. 아무 때나 게임을 하는 게 문제다.

밥 먹으면서도 각자 핸드폰으로 게임을 하는가 하면, 출퇴근 시간에는 말할 것도 없다. 2~3명이 모여도 대화는 없다. 각자 핸드폰을 만지작거릴 뿐이다. 회사에서도 상사 눈치를 보며 게임을 하니 그게 문제다. 집에 와서는 또 죽치고 그것만 한다. 현질(게임 아이템 등을 현금 구매)이라도 했다면 눈에 불을 키고 한다. 이게 게임 중독이 아니고 뭐란 말인가.

만약 애들 아빠가 이러고 있다면 더욱더 가관일 수밖에 없다. 집에 와서 게임만 하고 있는 남편이라면 정말 진지한 대화를 나눌 필요가 있다.

우리나라 사람들은 책을 잘 읽지 않는다.

국제여론조사 기관 'NOP 월드'가 2005년 세계 30개국을 기준으로 '국민 1인당 평균 주당 독서시간'을 조사하였다. 우리나라는 그 중 꼴찌인 30위였다. 국민 1인당 평균 독서 시간은 1주일에 3시간 6분에 불과하였다. 1위는 인도, 2위 태국, 3위는 중국 순이었다. 선진국이 상위권일거라는 예상을 깼다. 국민 1인당 평균 독서시간 상위권에 있던 나라들은 선진국이 아님에도 불구하고 본인 만족도가 상당히 높은 국가들이다. 그렇다면 우리나라 국민들은 어디에 주로 시간을 할애하는가. 1주일에 TV를 15시간, 인터넷을 9시간 6분을 쓰고 있다. 책을 읽는 시간보다 TV나 인터넷에 시간을 더 쓰고 있음을 알 수 있다.

　아이들도 핸드폰을 끼고 사는 아이들은 책을 거의 읽지 않는다. 이 모습은 성인들에게서도 흔하게 볼 수 있다. 즉흥적이고, 자극적인 TV나 인터넷을 하다보면 독서처럼 잔잔한 것에는 재미를 느끼지 못하는 것이다.

　부모는 아이들의 거울이다. 아이들은 부모가 하는 모든 것을 닮고 배울 수밖에 없다. 애들에게는 핸드폰 게임 하지 말라며, 본인은 정작 어떠한가?

　식당에서 핸드폰만 붙잡고 있는 아이들을 보면 그 부모에 그 자식이다. 라는 말 밖에 안 나온다. 정말 한심하지만, 요즘 세상에 내 자식 아닌 남에 자식에게 뭐라고 할 수 없지 않은가.

　매일 게임하는 자녀를 두고 싶은가.
　하루 10분씩 책 읽는 자녀를 두고 싶은가.
　아이에게 게임하지 말라 다그치기 전에 나는 시간을 어떻게 쓰고 있는지 먼저 점검해 보자. 저녁시간 어른 아이 모두 핸드폰은 반납하고 아이와 같이 잠들기 전 잠깐이라도 책 읽는 습관을 가져 보자.

　1910년 안중근 의사가 사형선고를 받을 때의 일화이다.
　사형시간이 되어 사형집행인이 마지막으로 안중근 의사에게 소원을 물었다.
　"마지막 소원이 무엇입니까?"

담배를 피우게 해달라는 대개의 답변과 달리 의외의 말을 한 안중근 의사.

"5분만 시간을 주십시오. 책을 다 읽지 못했습니다."

그리고 5분 동안 읽던 책의 마지막을 읽고 고맙다는 말을 남긴 후 세상을 떠났다. 마지막까지 책을 읽는 그는 어떠한 마음이 들었을까? 그 모습을 상상하니 경건한 마음이 든다.

생각해 본 적 있는가? 지금 내가 물처럼 쓰고 있는 10분은 어제 죽은 누군가의 간절한 10분이었다. 하루 10분. 어떻게 쓰느냐에 내 인생은 조금씩 달라질 수 있다. 10분이라고 우습게 봐서는 안된다. 1주일이면 60분, 즉 1시간이 된다. 1년이면 48시간이 된다.

하루 10분만 책 읽는 시간에 한 번 투자해 보라. 내 인생의 기적은 그 10분에서 시작될 것이다.

힐링으로 소통하라

"우울한 생각들에 사로잡혔을 때, 내게는 책들에게 달려가는 것보다 더 나은 방법이 없다.
그러면 나는 곧 책에 빨려들고 내 마음의 먹구름도 이내 사라진다."
— 몽테뉴(프랑스의 철학자)

9년 전. 결혼 후 신혼의 재미를 느껴야 할 때. 어디서부터 오는지 모르는 공허함과 허무함이 내 가슴을 가득 채웠다. 분주하게 준비했던 결혼식이 끝나고, '막상 살아보니 아무것도 아닌 것에 왜 그리 열과 성의를 다해 준비했나.'라는 생각에 공허함이 밀려왔다.

아무것도 아닌 현재. 남편이 옆에 있어도 허전하고, 뭔가를 부산하게 해야 할 것 같은데, 딱히 할 것도 없었다. 뭔가 잘못하고 있는 느낌. 알 수 없는 공허함이 내게 찾아 왔었다.

직장생활하면서는 바쁘다는 핑계로, 결혼 준비를 하면서는 정신없다는 핑계로 책읽기에 자연스레 소원해진 탓에 공허해진 마음을 달래기 위해 마음을 다시 잡고 책 읽기를 시작했다. 그렇게 신혼 초에 날 찾아왔던 공허함은 언제 왔었냐는 듯 책을 읽으면서 텅 빈 나의 가슴을 서서히 채워주고 있었다. 말이 공허함이지 이 시기를 잘못 보내면, 우울증으로 접어들기 쉽다. 우울증을 시작으로 꼬리에 꼬리를 물듯이 끝끝내 부정의 생각을 계속하다 보면, 부정의 늪에 이미 빠져 우울하기가 끝이 없다.

주위를 살펴보면 결혼 후 우울증을 겪었던 사람들이 더러 있다. 직장을 안 다니고 있는 여성의 경우엔 더 그렇다. 낯선 환경과 장소. 하루 종일 이제 오나, 저제 오나, 남편 오기만을 기다리게 된다. 퇴근하고 돌아온 남편은 집에서 씻고 자기가 바쁘다. 허전하고 우울한 마음이 드는 건 당연하다.

그대로 혼자 스트레스 받지 말고, 무엇이라도 해라. 무엇이라도 좋다. 배움도 좋고, 봉사도 좋고, 독서도 좋다. 스트레스 해소 방법은 사람마다 다 다르다. 스트레스를 담아두지 않고 풀어버리는 것 자체가 힐링이다. 그 방법에서 어떤 사람은 여행이 될 수 있고, 화초를 키우거나 운동, 명상, 독서, 음악을 듣는 등 방법의 차이만 있을 뿐이다.

나는 가끔 캠핑을 가는 편이다. 멀리 떠나는 여행보다 자연과 캠핑이 더 좋다. 텐트도 치고, 조금 불편하지만 나가서 만들어 먹는 캠핑 요리도 꽤나 재미있으면서 맛있기까지 한다. 아이들은 자연 속에서 뛰어놀고, 나는 그 시간에 주로 책을 본다.

편안한 의자에 기대에 책을 한 장 한 장 넘기면 그게 바로 자연 속

힐링이다. 시원한 나무그늘 아래서 조용히 시간 가는 줄 모르고 읽다 보면 마음도 편해지고 머리까지 편안함을 느낄 수 있다. 꽉 막힌 도심 속에서 책을 읽을 때와는 다르게 탁 트인 공간에서 공기까지 좋은 곳에서 책을 읽으면 그 자체가 힐링이 된다.

떠날 수 없을 땐 집 근처 공원도 좋다. 아이들은 뛰어놀고, 나는 미리 준비해간 돗자리에 엎드려 책을 읽는다. 그때만큼은 우리 아이들도 나를 귀찮게 하지 않는다. 나만의 시간이 생긴 것이다. 아이들 챙기느라 그것도 길어야 30분이지만, 그 짧은 시간이라도 충분하다.

그리고 마지막 나의 힐링 방법은 집에서 클래식 음악을 듣는 것이다. 주로 모차르트의 음악을 듣는다. 특히나 스트레스가 쌓이고, 화가 나서 감정을 억누를 수 없을 때 들으면, 바로 직방이다. 눈을 감고 클래식을 들으면 화가 나는 감정, 우울하고 그늘진 감정을 누그러뜨릴 수 있어 좋다. 아이들과 남편과 다투고 나서도 듣고, 혼자 화가 날 때도 듣는다. 그러면 한결 나아진다. 우리 집 두 꼬맹이들은 내가 그러고 있으면 다가와 묻는다.

"엄마. 진정하는 중이야?"

"응~ 엄마 기분이 좀 안 좋아서 진정 중이야. 조금만 기다려줄래?"라고 말이다.

그러면 아이들은 기다려주기도 하고, 같이 음악을 듣기도 한다.

아이들에게는 주로 밤에 잠들 때 모차르트 음악을 들려주는 편이다. 아이들도 자주 들려줘서 그런지 클래식음악을 들으면 마음이 편해진다고 한다.

  힐링이란, 몸과 마음을 치유, 회복한다는 뜻이다. 그렇다면 나는 어떻게, 무엇을, 어디를 갔을 때 내 몸이 조금 편하고 치유 되는걸 느끼는지 생각해 보고, 나만의 힐링 방법을 찾아보아야 한다.
  친구들과의 술자리였다. 여럿이 있는 자리에서 한 친구와 이야기를 하게 되었다. 친한 친구는 아니지만 평소에 책 읽는 모습을 볼 수 있는 친구였다. 대화는 내가 먼저 시작했다. 화두는 책을 어떻게 읽느냐는 '독서법'이었다. 나는 부분적으로 필사를 하면서 책을 읽는 것이었고, 그 친구는 필사나 노트를 따로 정리하지는 않지만, 한 권의 책을 여러 번 읽는다고 했다. 그 이야기를 시작으로 한참을 책에 관한 이야기들이 오고 갔다. 이야기는 단순했지만 내 주변에 책 읽는 사람이 드물어서 일까? 지루했던 술자리가 갑자기 즐거워졌다.

  누군가와 취미가 맞아 소통하거나, 공감된 적이 있는가? 바로 그거다. 이 또한 힐링이다. 누군가와 소통된다는 것 그것만으로도 좋다.
  책을 혼자 잘 읽지 못하거나, 책을 누군가와 같이 읽고 싶다면, 독서모임에 나가보라 권하고 싶다.
  독서 초보들은 보통 어떤 책을 읽어야 할지 모를 때가 많다. 독서모임에는 한 가지 책을 공통으로 읽고, 책을 어떻게 읽었는지 서로의 생각을 공유한다. 모임마다 다른 특성은 있겠지만, 대부분 그렇다.
  독서모임을 선택할 땐 나와 맞는 독서모임인지 알아 보고 참여하

자. 연령대를 나누는 곳도 있을 테고, 책을 한 분야만 고집하는 모임도 있기 때문에 내가 찾는 모임이 맞는지 살펴 보고, 없다면 나를 기준으로 책을 좋아하는 지인들과 작은 독서모임을 가져 보라. 그냥 친구들과 삼삼오오 모여 수다 떠는 모임과는 분명 다른 희열을 느낄 수 있을 것이다.

책은 혼자 읽어도 좋지만, 여럿이 읽으면 효과가 배가 된다. 한 권의 책을 한 번 읽을 때와 두 번 읽을 때가 다르듯이. 똑같은 책을 읽어도 나와 다른 사람이 느끼고 배운 것은 다르다. 그것을 서로 공유하면, 그 배움의 크기가 배가 된다.

책만 보면 답답하고, 눈에 들어오지 않는 이도 있다. 모든 이가 책 읽는 것을 좋아하거나, 그 자체를 힐링이라고 생각하진 않는다. 쉬운 책, 유머 책이라도 좋다. 만화책이라도 좋다.

한적한 곳에서 아무런 방해도 없는 공간에서 시간에 구애받지 말고 읽어 보자. 나도 모르는 편안함을 만날 수도 있다.

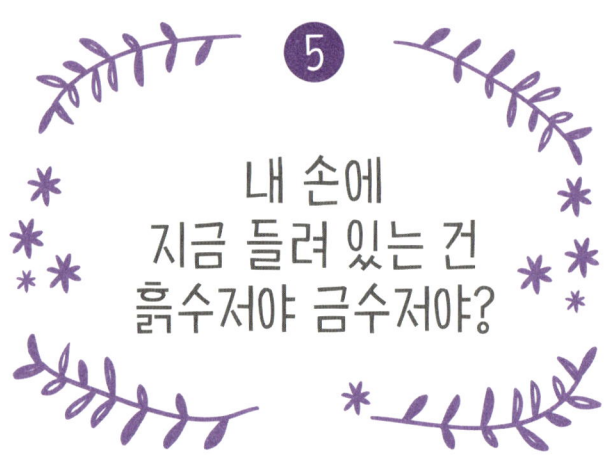

내 손에 지금 들려 있는 건 흙수저야 금수저야?

"즐거운 독서는 운동만큼 건강에 유익하다."
— 칸트

"우리가 언제부터 사이버 친구가 됐냐? 얼굴 좀 보자~"

아침저녁으로 전철을 타고 서울로 회사를 다닐 때였다. 자리가 있건 없건 무조건 책을 펼쳤다. 지하철에서 책을 읽을 때면 집중이 잘되어 책이 술술 읽히기 때문이다.

적당한 소음을 '백색소음'이라 하는데, 오히려 조용한 도서관보다 적당한 소음이 있는 곳이 더 집중력을 높인다는 연구 결과도 나와 있다. 너무 조용한 곳보다. 조금 어수선한 곳이 책 읽기에 몰입이 잘 되는 이유다.

전철을 타고 다닐 때마다 느끼는 거지만, 많은 사람들의 시선이 머무는 곳은 오직 핸드폰이다. 10년 전만 해도 지하철을 타면 신문을 보는 이들이 많았다. 전철역에 아침마다 무료신문이 배치되어 있어서 신문을 보는 이가 많았다. 그러나 스마트폰이 보급되면서 그 신문들의 자리도 없어져갔다. 이젠 전철에서 핸드폰 게임, DMB, SNS, 채팅 등을 하는 진풍경이 벌어진다. 책을 읽는 이는 간혹 있을 뿐이다. 어쩌다 책 읽는 사람을 보게 되면 반가움마저 든다.

스마트폰이 우리 일상생활에 들어오면서 많은 편리함도 주지만, 오히려 없을 때가 더 좋았다는 생각이 들기도 한다. 이제는 친구들과도 채팅으로 얘기하며 나는 간혹 우스갯소리로 얘기한다.
"우리가 언제부터 사이버 친구가 됐냐? 얼굴 좀 보자~"
스마트폰이 우리 곁으로 오면서 세상이 더 각박해졌고, 필요한 업무만하는 무미건조한 생활이 되었다. 예전에 느꼈던 아날로그의 느림이 없어졌다. 책도 요즘은 전자책으로 읽는 사람들이 많이 늘었다지만, 책은 종이책으로 읽어야 한다. 책마저 스마트기기에 의존하여 읽으면 우리의 뇌는 어떻게 되겠는가.
스마트폰과 각종 스마트기기에 중독된 우리의 뇌는 우측 전두엽 활동이 현저히 저하되면서 열을 받으면 바로 튀어나오는 팝콘처럼 자극적인 반응에만 반응하고, 사람의 감정이나 현실감각, 인지기능, 집중력까지 무감각해지는 뇌기능장애 팝콘브레인 현상이 나타나고 있다.

책 읽는게 좋은 거야 다들 알지만, 평소에 책 한 권 읽지 않는 이들에게 갑자기 핸드폰 말고 책을 보라 하면 이보다 더 힘들 일이 없을 것이다.

책 읽기를 좋아하는 우리 가족 중 유일하게 책을 안 읽는 한 사람. 바로 애들 아빠다. 어느 날 이대로는 안 될 것 같아. 진지하게 대화를 나눴다. '책이 싫은 거냐? 왜 안 읽느냐?'라고 물었다. 책이 싫은 게 아니라, 책을 못 읽겠다는 것이다.

요즘 현대인들은 대부분 짧은 글을 많이 접해서 긴 글을 오히려 잘 읽지 못하는 '난독증' 승세를 보인다. 우리 남편 외에도 요즘 젊은 층에서 이런 현상을 많이 보인다. 그날부로 남편과 약속했다. 읽고 싶은 책을 골라 하루에 한 쪽씩 읽자고 제안했다. 신랑은 내 제안을 받아 들였고, 진지한 대화를 나누고 약속을 한 이후로 책을 읽지 않던 남편이 조금씩 책을 읽는 모습을 보여 주었다. 왠지 모를 뿌듯함마저 들었다. 그렇다. 책을 읽고 싶어도 책을 못 읽는 이들이 의외로 주위에 많다.

평소에 책을 읽지 않는 이십년 지기 친구가 있다. 웬일로 나에게 책을 골라 달라 말한 적이 있다.

"나 책 좀 추천 해 줘 봐~ 책 읽고 싶은데 어떤 책부터 읽어야 할지 모르겠어.……"

친구에게, 처음에는 좋아하는거나 관심분야의 책부터 읽어보라고 했다. 책과 친해지는 연습부터 하라고 말이다. 책이 안 읽히면, 만화

책, 잡지책부터 읽어 보라 했다. 그렇게 책과 친해지면 욕심을 내지 말고 조금씩 독서습관을 들이도록 연습부터 하라 조언했다.

누가 처음부터 잘하겠는가. 어린아이가 첫 걸음마를 뗄 때를 생각해 보라. 넘어지기를 수십 번 아니 수백 번을 하여 겨우 첫 발을 뗄 수 있는 것이다. 어떤 일이든 처음부터 잘하는 사람은 아무도 없다. 어떤 일이든지 습득하려면 반복이 필요하듯이 책도 마찬가지이다. 보지도 않던 책을 어떻게 처음부터 잘 읽을 수 있단 말인가. 그건 너무 큰 욕심이다. 책과 친해지고, 조금씩 독서습관을 들여 읽다보면, 책을 읽을 수 있는 책 근육들이 만들어져 간다. 조급해 하지 말자. 읽을 책이 없다고 징징 대지 마라. 내가 읽고 싶어지는 분야의 책도 분명이 생겨난다.

어릴 때부터 책을 좋아하는 이도 있지만, 우연한 기회로 책과 친해지는 이들도 많이 있다. 물론 나도 후자다. 『하루 25쪽 독서습관』의 저자 남낙현 씨도 아내가 한두 권씩 가져오는 책부터 읽기 시작하여 마흔이 넘어서 독서를 시작했다. 나 또한 스무 살이 넘어 처음 독서라는 것을 해 보았고, 남편도 이제 막 책 읽기를 시작한 초보 독서가다. 누구에게나 처음은 있다. 나도 처음 책과 친하지 않을 당시 요리책이나, 자수, 홈패션 잡지책도 많이 보았다. 그러다 무협지의 재미를 알면서 책 읽는 습관이 생겨났다. 그 이후로는 분야를 점차 넓혀가며 책을 읽을 수 있게 되었다. 책을 늦게 읽기 시작했다고 조급할 필요 없다. 책을 읽기에 늦은 나이란 없다.

　습관이 무서운 거다. 나도 모르는 사이 무의식의 뇌가 시켜서 하는지도 모르고 하는 일, 그것을 독서와 연결시키자. 항상 책을 옆에 두는 것이다. 우리 집엔 내가 가는 곳마다 책이 있다. 주방이며, 침실, 아이들 방, 책상, 방바닥에 굴러다닌다. 한 번에 한 권만 고집하지 않기에 여기저기 책이 있는 편이다. 그런 내 모습 때문인지는 몰라도 우리 딸도 항상 책을 들고 다닌다. 애들 책도 여기저기 있다. 둘째 딸은 잘 때도 항상 머리맡에 책을 두고 잔다. 그리고 아침에 그 책이 있는지 반드시 확인한다. 이렇게 주변에 책이 많으면 저절로 책을 읽을 수 있는 환경이 주어진다. '환경이 사람을 만든다.'

　"오늘의 나를 만든 것은 우리 마을의 작은 도서관이었습니다." 라고 말하는 세계 부자 1위 빌게이츠는 현재도 하루에 1시간 이상을 책을 읽는다. 세계 부자 2위이며 투자의 귀재로 불리는 워렌 버핏은 이미 16살 때 사업관련서적을 수백 권 독파했다. 토크쇼의 여왕 오프라 윈프리는 "독서가 내 인생을 바꾸었다."라고 말한다. 전쟁의 영웅 나폴레옹은 전쟁 중 달리는 말 위에서 책을 읽을 만큼 독서광으로 유명하다.

　우리나라의 독서광도 예외는 아니다. 백 번 쓰고 백 번 읽는다는 백독백습의 독서습관을 가지고 식사 중에도 늘 손에서 책을 놓지 않았던 세종대왕. 김대중 전 대통령은 서울 마포구 동교동에 김대중도서관을 만들 수 있을 정도인 1만 6,000여 종의 책을 보유하기도 했다.

이들 외에도 에디슨, 에이브러햄 링컨, 스티브 잡스, 카네기, 오바마 대통령, 우리나라의 정조, 이순신, 노무현 전 대통령, 안철수, 미래에셋 박현주 회장. 이들의 공통점은 모두 다 지독한 독서광이다. 세기의 독서광들의 이름을 다 열거 할 순 없지만, 이들을 성공으로 이끈 것은 다름 아닌 독서였다.

가슴이 두근거리면 하면, 그만이다. 외출할 때 핸드폰은 주머니에 넣고, 대신 책을 한 권씩 들고 다녀 보자. 틈틈이 읽는 틈새독서가 은근히 재미가 쏠쏠하다. 대중교통 이용할 때, 출퇴근 시간, 엘리베이터 기다릴 때, 화장실 갈 때, 점심시간을 이용해 보자. 3분, 5분, 10분의 시간이 모이면 하루 한 시간은 될 것이다.

지금보다 나은 내일, 내일보다 나은 미래를 위해 읽어라. 노력하지 않으면 달라질 수 없다. 남의 성공만 보고 부러워하지 말라. 부러워만 한다고 아무것도 달라지지 않는다. 독서도 하나의 도전이 될 수 있다. 도전하지 않고, 시작하지 않고 바란다면 도둑놈 심보 아닌가. 하루 손독서를 시작으로 내 인생 달라질 수 있다면, 손에 더한 것도 들고 다닐 수 있다. 거침없이 시작해 보자.

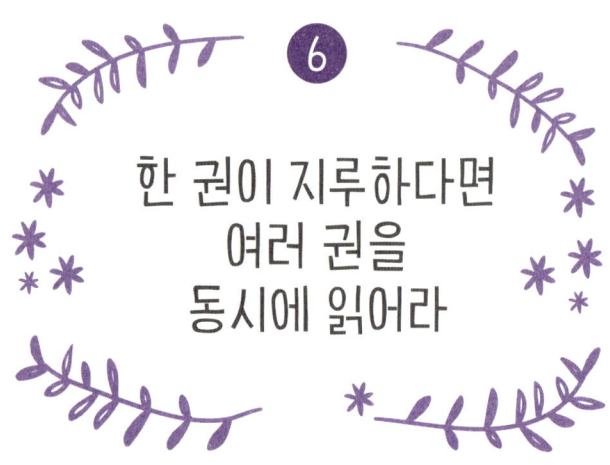

한 권이 지루하다면 여러 권을 동시에 읽어라

> "남의 책을 많이 읽어라. 남이 고생하여 얻은 지식을 아주 쉽게 내 것으로 만들 수 있고,
> 그것으로 자기 발전을 이룰 수 있다."
> — 소크라테스

"이해가 안 되서 도저히 진도가 안 나가~"

오랜만에 친한 친구를 만났다. 현재 읽는 책이 어려워 책 읽는 진도가 안 나간다는 것이었다. '왜 사람들은 한 권의 책을 읽기 시작하면, 그걸 끝까지 다 읽어야 한다고 생각할까?'

내 친구도 마찬가지였다. 이해가 안되서 다음 한 장을 넘기는 것조차 힘들다는 것이다. 이해가 안 되면, 그 부분을 뛰어넘어 읽으면 그만이다. 그래도 안 읽히면 몇 장 더 넘겨 읽으면 된다. 그래도 안 읽히면 아예 다른 책 읽는 것도 방법이다. 분명 책은 여러 수준의 책이 있다. 나 또한 책을 읽다가 안 읽히면 그대로 그냥 덮어 놓는다. 나중에 읽어보면 신기하게도 이해가 되기도 한다. 책을 읽을 때마다 이해 안 되는 부분을 사전을 옆에 놓고 읽을 것인가? 그렇게 책을 읽다 보면, 책 읽는 속도도 떨어질 뿐만 아니라 책을 읽는 흐름도 잃게 된다. 이해 안 되면 부분도 그냥 읽다보면 앞 뒤 문장 흐름으로 이해가 되기도 한다. 나중에 진짜 궁금하면 책을 다 읽고 찾아보는 것도 방법이다.

  책을 읽는데 정해진 답은 없다. 내가 읽고 싶은 대로 읽으면 된다. TV와 같다고 생각하면 편하다. 우리는 TV를 어떻게 보는가. TV를 시청하다가 재미없으면 채널을 돌리기도 하고, 중간부터 보기도 하고, 다시 보기도 하고, TV를 아예 끄기도 한다. 책도 마찬가지다. 그렇게 읽으면 된다. 왜 책은 꼭 처음부터 끝까지 정독해야 하고, 한 권을 처음부터 끝까지 다 읽어야 다음 책을 읽을 수 있다고 생각하는가. 반드시 한 글자 한 글자 곱씹으며 읽을 필요가 없다는 말이다. 읽다가 지루하면 몇 장을 넘겨 읽어보기도 하고, 목차에서 필요한 정보만 쏙쏙 뽑아 읽어도 된다. 책 읽는 방법은 다양하다.

  이해가 안 되는 것도 아니다. 나도 그랬으니까. 처음 책을 읽기 시작했을 땐 진짜 처음부터 끝까지 글자 한 글자 한 글자 읽었던 것 같다. 한 권을 읽기 시작했으면 그 한 권을 다 읽어야 다른 책을 읽을 수 있다고 생각했었다. 독서량이 많아지면서 이러한 습관들은 자연스럽게 없어졌고, 나 스스로 깨달은 듯하다. 언제부턴가는 책을 동시에 여러 권 읽기 시작했다. 언제부터인지는 기억나지 않지만 나도 처음 책과 친해지지 않았을 땐 한 글자, 한 권 정성들여 읽었다. 그렇다고 지금은 대충 읽는다는 건 아니다.

지금은 예전에 비해 더 많은 책들을 읽는다. 하루에 한 권 읽는 날도 있고, 하루에 여러 권을 읽는 날도 있고, 한 권을 읽지 못하는 날도 있다. 하지만, 책을 하루도 읽지 않는 날은 없다.

아침에 일어나자마자 읽고, 밥 먹으면서도 읽고, 길에서도 읽고, 차에서도 읽고, 자기 전에도 읽는다. 한 곳에서만 읽지 않는다. 거실에서도 읽고, 방에서도 읽고, 내가 읽고 있는 책을 아이들에게 읽어주기도 한다. 집안 곳곳 내가 가는 곳엔 책이 없는 곳이 없다. 책상, 주방, 방바닥, 아이들 방, 모두 책이다. 여기저기에서 책을 읽다보니 동시에 여러 권을 읽을 수밖에 없다. 안 그러면 집안에서도 한 권의 책을 계속 들고 다녀야 하는 사태가 벌어진다. 필요한 책은 처음부터 정독하기도 하지만, 모든 책을 그렇게 읽지는 않는다. 한 마디로 말해 책 읽는 요령이 생긴 것이다.

동시에 여러 권의 책을 읽으면 지루하지 않아서 좋다. 책을 잘 읽지 않는 사람들은 대부분 책이 지루하다고 여긴다. 그건 처음부터 책을 잘못 골랐을 경우가 많다. 처음 책을 고를 땐 누구의 추천보다. 본인이 직접 서점에 가서 책을 고르라고 권하고 싶다. 책 내용, 제목, 표지, 종이 질. 아무것도 아닌 것 같지만, 본인 취향에 따라 읽고 싶지 않던 책도 읽고 싶은 책이 될 수 있다. 그렇게 고른 관심 있는 책을 본인 취향대로 고르면 어느 정도는 읽힐 것이다. 그래도 안 읽히면 또 다른 장르의 책을 펼쳐 보자. 집중이 안 되고 산만할 거라 생각하지만 그렇지 않다.

우리가 식사를 할 때 밥만 먹는가? 여러 반찬들과 같이 먹는다. 책도 마찬가지다. 한 권의 책을 읽으면서 다른 책도 읽을 수 있고, 읽던 책을 다시 읽을 수 있는 것이다. 책도 여러 권을 같이 읽다 보면, 하나의 연결고리로 다 묶여 있음을 느낄 수 있다. 동시에 다방면으로 사고의 폭도 넓어지고, 뇌가 급격히 활성화되어 창의적인 생각도 평소보다 많이 얻을 수 있다. 쓸데 없는 고정관념에 사로잡혀서. 귀중한 시간을 허비하지 말아야 할 것이다.

어떤 책에서 여러 권의 책을 동시에 읽는다는 부분을 읽었다. 집이며, 회사며, 이곳저곳에서 책을 읽는 저자의 방법이 나와 꼭 닮아 반가웠다. 바로 『책, 열권을 동시에 읽어라』의 저자 나루케 마코토 씨다.

그렇다. 책을 많이 읽는 이들에게서 동시에 책을 여러 권 읽는다는 이들을 종종 볼 수 있다. 밀레코리아 CEO 안규문 씨도 몇 해 전 한 언론 인터뷰에서 말한 바 있다.

> "한 권의 책을 정독하기보다 여러 권의 책을 동시에 읽는, 이른바 '잡독'을 즐깁니다. 잠시 시간이 날 때마다 이것저것 섞어 읽고, 나름대로 생각을 정리하는 일도 좋습니다."
>
> ―『전자신문』, 2013. 12. 19.

서태호 씨는 자신의 저서에서 책을 선택하는 방법, 읽는 방법을 소개하기도 하였다.

> "여러 채널에서 권하는 많은 책 중에서 자신의 일과 관심에 맞는 책을 선택해야 한다. 그런 다음 책의 목차나 편집, 저자의 경력 등을 살펴본 후 선택하라. 부수적으로는 목차를 살핀 후 관심 있는 부분을 먼저 읽는다든가. 결론 부분을 먼저 본 후 처음부터 읽는 방식도 좋다. 여러 권의 책을 동시에 읽는 것도 다독할 수 있는 좋은 방법이다."
> ―『프라이빗 뱅커의 고객창조 마케팅』, 서태호 저, 더난출판사, 2007, 103쪽

지금부터 책을 펼쳐 나만의 방식으로 읽어 보라. 아무리 이게 좋다 저게 좋다 하여도 나와 맞지 않는 방식은 좋은 방법이라 할 수 없다. 읽다가 막힌다면, 여러 권의 책을 한번 같이 읽어 보라. 새로운 것도 한번 시도해 보라. 한 번에 많은 양의 책을 오가며, 모든 내용을 습득하는 나의 모습을 상상해라. 안 된다' 생각하면 끝이 없다. '된다.'

한 번 이 방법을 터득하면, 그 뒤는 승승장구다. 책을 아마도 날개 돋친 듯이 읽어 나갈 수 있을 것이다. 거침없이 읽어 먹어 치워라.

PART 5

기회는 준비된 자에게 온다

- 죽을 때까지 익혀라
- 괜찮아, 너의 꿈을 보여 줘
- 그 느낌 그대로
- 언제까지 보기만 할래?
- 머피의 법칙 Vs 샐리의 법칙
- 인생 역전 티켓, 이제는 당신이 잡을 타이밍이다

죽을 때까지 익혀라

"우리는 그 어떤 것에 대해서 1억분의 1도 모른다."
— 에디슨

"내일 죽을 것처럼 살고, 영원히 살것처럼 배워라." 마하트마 간디의 말이다.

인생에 최대의 목표 무엇일까? 인간은 왜 끊임없이 배워야 하는가. 무엇을 위해서. 어디까지 배워야만 끝까지 배웠다 말 할 수 있는가?

대개의 사람들은 고등교육 이후로는 특별히 뭔가를 스스로 배우려는 사람이 없다. 취업을 하기 위해 스펙 쌓기, 회사에서 요구하는 자기계발. 억지로 하는 사람이 아닌 스스로 배움을 찾는 사람은 얼마나 되는가?

인간은 죽을 때까지 끊임없이 배워야 한다. 우리가 알고 있는 분야, 또는 그렇지 않은 분야는 매우 넓고 광범위하다. 그 모든 걸 내가 알아야 할 필요는 없지만 미래의 나를 위해 학창시절 배운 실력? 으로 평생을 우려먹기에는 부족하다. 우리는 끝까지 배워 사고의 폭을 더 넓혀야 한다.

나의 경우, 항상 무언가를 배우기를 갈망한다. 아무것도 안 하고 있었던 적은 없는 듯하다. 아이를 임신했을 때도, 책에 푹빠져 태교로 동화책도 많이 읽었던 기억이 난다. 아무것도 배우지 않을 때는 책을 주로 집중적으로 읽었다.

나이를 한 살 한 살 더할수록 배움의 욕심은 점점 커져만 간다. 학창시절에 지금처럼 배움의 의욕이 충만했더라면 내 인생은 180도 달라졌을 텐데 말이다.

배우고 싶은 건 장르가 다양했다. 학업이 아닌 운동을 배우는 것도 좋아한다. 현재는 취미로 골프를 배우는 중이지만, 요가, 벨리댄스, 클라이밍도 배우고 싶고, 배울 예정이다. 운동을 배우면 생활의 활력이 되어 기분도 좋고. 신체도 건강해지니 좋다.

몇 해 전 한 신문에서 98세 나이에 작가가 된 사람의 사연을 읽었다. 어부였던 그는 가정의 생계를 책임지느라 10살도 안 되는 나이에 바다에 나와 평생을 바다와 싸워야 했으며, 글을 배울 시간조차 없어 90세가 될 때까지 글을 배우지 못했다.

"내 나이 90세가 될 때까지 주변에 말 못한 것이 있다. 때때로 이 일 때문에 밤마다 홀로 눈물짓곤 했다"

글을 배우지 못해 식당을 가도 메뉴판 조차 읽지 못했다. 항상 일행과 같은 음식을 시켜야 했던 그는 밤마다 남몰래 눈물도 많이 흘렸다. 그가 글을 배우기 시작한 것은 91세 나이로, ABCD 알파벳부터 독학하기 시작했다. 이후 자원봉사 선생님에게 글을 배우기 시작했고, 그의 꿈은 거기서 그치지 않았다. 자기의 평생 삶을 다룬 책을 쓰겠다고 선언했고, 그의 꿈은 98세 나의에 자신의 저서『어부의 언어 In A Fisherman's Language』라는 책을 출간하면서 이루어졌다. 바로 제임스 아루다 헨리의 이야기이다.

아무리 100세 시대라 하지만, 나이가 들면 치매에 걸릴 확률이 높아져 90세를 넘으면 2명중 1명은 치매를 앓는다. 노안으로 책을 읽기도 힘든 나이에 글자를 배우고, 책을 썼다는 것은 실로 놀라운 일이다.

장례비로 모아둔 돈으로 98세 나이에 첫 시집을 낸 일본의 시바타 도요는 100세에 두 번째 시집까지 발표했다. 한글을 처음 배워 3년 동안 쓴 일기를 모아 시집을 낸 71세 진효임, 92세 오금자 씨는 춘천 삼악산 기슭에서 자연과 함께 살면서, 자신의 평생의 삶을 시집에 담아 92세에 첫 시집을 내기도 했다.

나이가 많다고 아무것도 없는 하루를 보낸다면 죽는 날을 받아놓은 사람과 다를 게 뭐가 있다는 말인가. 내가 얼마나 살지 아는 이는 아무도 없다. 내일 갑자기 죽을 수도 있고, 100세를 넘기고 우리나라 최고령으로 살지도 모르는 게 사람일이다.

"子曰, 君子食無求飽, 居無求安. 敏於事而愼於言, 就有道而正焉, 可謂好學也已."(자왈, 군자식무구포, 거무구안. 민어사이신어언, 취유도이정언, 가위호학야이.)

　공자가 말하였다. 군자란, 먹는 것에 배부름을 구하지 않으며, 편안한 거처를 구하지 않는다. 일을 민첩히 하고 말을 하는데 신중하며, 도道를 아는 이를 가까이 하며 자신을 바르게 한다면, 이는 배움을 좋아한다고 이를 만하다.

─ 『논어』「학이」편 14장

　여기서 말하는 군자란 옛날부터 높은 벼슬에 있으며, 덕이 있고 학문과 수양에 뜻이 있는 사람을 일컫는다. 그런 군자는 배움을 위해서는 자신의 배부름과 거처를 불평하지 않으며, 일은 민첩히 하고, 말은 신중하게 해야 한다. 주변엔 항상 도를 지닌 이를 두며, 자신의 옳고 그름을 바로 잡아야 한다. 이는 배움을 즐긴다. 끊임없이 배우는 사람을 군자라 할 수 있다. 학문과 수양에 뜻이 있는 군자는 항상 배움을 추구해야 한다.

　배움에는 끝이 없다. 인생은 배움의 연속된 과정이다. 하나부터 열까지 배우지 않고 되는 것은 하나도 없다. 태어나서 죽을 때까지 우린 배워야 한다. 우리가 수저를 드는 것 조차 유아기 때 부터 수많은 연습의 결과라고 할 수 있다. 수많은 연습으로 지금은 익숙해진 행동이지만, 모든 시작이 다 그러하다. 성인이 되어서도 마찬가지이다. 우리가 모르는 것은 배워야 시대에 적응하며 살 수가 있다. 나이가 많다고, 배우기를 부끄러워하거나 귀찮아한다면 시대에 뒤떨어져 살 수밖에 없다.

배워도 그만, 안 배워도 그만이라는 생각이라면, 지금의 나에게 발전된 모습은 찾을 수 없다. 시대는 빠르게 변화하고 있다. 이제까지도 그렇고, 앞으로는 더 빠르게 바뀌는 시대가 온다. 그 시대에 살아남으려면 끊임없이 배우고 습득해야 한다.

'빈 수레가 요란하다'라는 속담도 있다. 텅 빈 머리와 꽉 찬 머리는 분명 다르다. 아무것도 쓰여 있지 않은 텅 빈 노트와, 빽빽히 삶의 노하우가 적힌 노트는 분명 다르다. 하나씩 배워 나만의 노트를 한 줄, 한 줄 채워나간다 생각해 보라. 당신의 노트는 어디까지 채워져 있는가. 오늘도 나만의 노트 한 줄 채우는 당신과, 그냥 밥벌이로 생계를 유지하는 이는 분명 다른 노후를 살게 될 터이다.

죽을 때까지 나를 끊임없이 연마하고, 배우고 익혀라.
그리고 내일 죽을 것처럼 살아라.

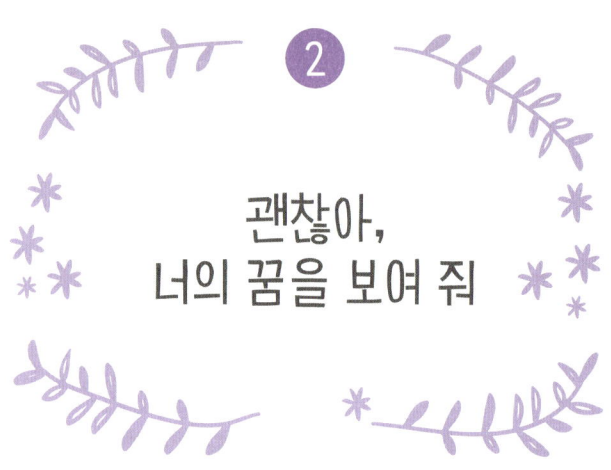

괜찮아, 너의 꿈을 보여 줘

"훌륭한 평판을 받는 방법은 자신이 드러내고자 하는 모습이 되도록 노력하는 것이다."
— 소크라테스(그리스 철학자)

"야~ 야~ 야~ 내 나이가 어때서~"

무언가에 새로 도전할 때나, 시작할 때 가장 먼저 걱정되는 것은 대부분 아마도 나이다. 사람들은 나이 앞에서 때론 모든 걸 포기하기도 하고, 무너지기도 한다. 그들은 나이 때문에 꿈을 꾸는 것조차 두려워하기도 한다.

꿈이 없는 이들은 '꿈이 무엇이냐' 물으면, 대부분의 사람들은 이렇게 답을 한다.
"애들도 아니고, 이 나이에 무슨 꿈이야"라고 말을 한다. 꿈꾸는데 도대체 왜 나이 타령을 하는가. 노래 가사도 있지 않은가.

"야 ~ 야 ~ 야 ~ 내 나이가 어때서 ~"

평범한 사람들은 보통 자신의 꿈이 있어도 이야기하기를 꺼려한다. 생각이 너무 많아서 그렇다.

내가 꿈 이야기를 하면, 저 사람이 나를 어떻게 볼까?

될지 안 될지도 모르는데 덜컥 이야기해 버리면 저 사람이 어떻게 볼까?

내 주제도 모르고, 큰 꿈을 꾼다고 놀리진 않을까?

보통 이런 생각들을 품고, 창피하다 생각하여 이야기하지 않거나, 아예 꿈이 없다고 대충 둘러대는 이들이 많다.

20대 초반 한참 판타지 소설에 푹 빠져 있을 때이다. 나의 유일한 동지가 있었다. 바로 나의 하나뿐인 오빠다. 오빠는 내 주변에 유일하게 책 읽는 사람 중 한명이었다. 하지만 오빠는 판타지 소설만 읽는다. 참 안타깝다. 한때 나도 그랬지만, 오빠가 편식 없는 독서를 했으면 하는 게 나의 바램이다.

오빠도 어려서부터 책과 친하진 않았지만, 우리 남매에게는 애니메이션을 좋아하는 공통점이 있었다. 학창시절엔 주말에 오빠랑 애니메이션 DVD를 1편부터 종편까지 보느라 아침부터 저녁까지 방콕 하던 날도 여러 날 있었다. 그래서인지 만화책, 판타지 책까지 저절로 접하게 된 듯하다. 한 때 방황을 많이 했던 오빠지만, 지금은 결혼 후 부산에서 자리를 잡아 일을 밑바닥부터 성실하게 배워 창업에 성공하였다. 우여곡절이 없었던 건 아니지만, 누구보다 열심히 살고 있는 한 가정의 아빠이자 남편이 되었다. 먼 거리에 있어 자주 못 보지만 어릴 때부터 우리 남매의 우정은 특별했다.

어느 해인가 명절 때 오빠를 만나게 되었다. 멀리 살아서 1년에 한 번 볼까말까한 사이가 되어 버렸다. 그래서인지 가끔 오빠를 볼 때마다 더 반갑고, 옆에 살면 더 잘 챙겨 줄 텐데 하는 마음에 가슴 한구석이 찡하다. 그날도 그런 날 중에 하나였다. 우연히 오빠 가방을 보게 되었는데, 역시나 판타지 책 한 권이 있었다.

"지금 읽고 있는 책 뭐야? 재미있어?"

"응 ~ 볼만해, 재미있어."

"그래? 오빠~ 나도 나중에, 나 판타지 책 쓸 거야. 쓰고 싶어. 그게 내 꿈이야."

"그래, 써라~ 이 오빠가 제일 먼저 읽어 줄게……."

갑자기 뜬금없는 이야기였지만, 동생도 판타지 책을 좋아하는 걸 알아서였는지. 아니면 철없는 농담이라 생각했는지. 오빠는 나의 꿈을 응원해 주었다. 나는 비시시 웃음만 나왔다.

우리 집 천장에는 우리 가족들 꿈이 적혀 있다. 내 꿈, 아이들 꿈, 그리고 우리 남편의 꿈까지……. 그리고 천장에 붙여놓고, 자기 전에 꼭 한 번씩 눈으로 보고, 입으로 이야기 하곤 잠이 든다.

우리 아들 꿈은 카레이서, 축구 선수, 그리고 얼마 전부터 화가도 되고 싶다 한다. 아직은 어린 나이여서 그런지 자꾸 꿈이 바뀐다. 주로 운동선수의 꿈을 가지고 있다. 우리 딸의 꿈은 '엄마'란다. 가끔 '토끼'가 되고 싶다고 얘기도 하고, 요즘은 디즈니 애니메이션 겨울왕국의 '엘사', '라푼젤'이 되고 싶다고 한다.

아직 어린 나이라 자신의 꿈을 찾는 여정이라 생각한다. 그래도 얼마나 대견한가. 꿈이 있다는 게. 내가 우리 아이들 나이에는 특별한 꿈이 없었다. 물어보는 이도 없었기에 진지하게 생각해 보지 않았던 것 같다.

생각을 해야 꿈도 세울 수 있다. 나는 아이들과 꿈 이야기를 자주 한다. 아이들은 아직 생각하는 방법을 모르기에 엄마의 어릴 적 꿈은 이랬고, 저랬고 꿈을 이루기 위해 어떠한 노력들을 하는지 등을 이야기 해준다. 너도 꿈을 찾아 지금부터 노력하면, 무엇이든 될 수 있다고 이야기 해준다. 아들은 또 나의 꿈을 물어보기도 한다. 우린 그렇게 서로의 꿈을 응원한다.

영국 여왕보다 큰 부자가 된 영국의 소설가 조앤 롤링은 어려서부터 몽상을 좋아했다. 그녀의 불행은 결혼 후 다가왔다. 포르투갈에서 방송국 기자와 결혼했지만, 의처증이 있던 남편의 폭력으로 어린 딸만 데리고, 빈털터리로 영국으로 돌아왔다. 이혼 후 빈털터리가 된 롤링은 생활고에 시달려 어린 딸에게 분유를 사 먹일 돈이 없어 우유에 물을 타서 먹이곤 했다. 어린 딸을 두고 일을 할 수 없는 그녀는 정부

지원금으로 생활을 버텨야 했다. 아이가 잠들 때까지 유모차를 끌고 시내를 돌아다녀야 했고, 아이가 잠들면 집 근처 카페에서 글을 쓰기 시작했다. 그녀는 힘들어 하기는커녕 오히려 그 시간을 기다리고, 좋아하기까지 했다. '상상 속의 이야기를 소설로 마음껏 쓰기 가장 좋은 시간'이라고 말이다

그녀는 말했다. "실패했지만 저는 살아 있었고, 사랑하는 딸이 있었고, 낡은 타이프라이터와 엄청난 아이디어가 있었습니다. 가장 밑바닥이 제가 인생을 새로 세울 수 있는 단단한 기반이 되어준 것입니다. 바닥을 치면 더 이상 두려울 것도 꺼릴 것도 없습니다. 다시 일어나서 나아갈 일만 남기 때문입니다. 삶에는 성취보다 더 많은 실패와 상처들이 존재합니다. 그러나 실패가 두려워 아무것도 하지 않는 것이 가장 큰 패배입니다."

그때 그녀가 쓴 글은 우리가 잘 알고 있는 해리포터 시리즈 1편 『해리포터와 마법사의 돌』이다. 그녀의 『해리포터』 시리즈는 전 세계로 번역, 출판되었으며, 성경 다음으로 가장 많이 팔린 책이 되었다.

71세 진효임 씨는 한글을 처음 배워 3년 동안 쓴 일기를 시집으로 냈다.

98세 제임스 아루다 헨리는 글자를 처음 배워 본인의 삶을 다룬 저서까지 출간하였다.

98세 시바타 도요는 본인의 장례비로 모아둔 돈으로 첫 시집을 발표하였다.

101세 해리 리버만은 노인클럽에서 그림을 배워 전시회를 열었다.

조앤 롤링이 『해리포터』 스토리를 혼자만 간직하고 있었다면, 그녀의 지금 인생을 없었을 것이다. 진효임, 제임스 아루다 헨리, 시바타 도요, 해리 리버만, 그들이 나이를 탓하고 아무것도 시도하지 않았다면, 제 2의 꿈같은 인생을 맞이하지 못했을 것이다.

'하고 싶은 일에는 방법이 보이고, 하기 싫은 일에는 변명만 보인다.'는 필리핀 속담이 있다. 안된다가 아니라. 무조건 된다.
나는 우리 아이들에게 늘 이야기한다. 네가 지금 꿈꾸는 것은 뭐든 될 수 있다고. 그러면 우리 큰아이는 그때부터 상상의 날개를 펼치며, 마구 이야기를 쏟아내기도 한다.
상상만 해도 기분 좋지 않은가? 안 된다는 근거도 없고, 된다는 보장도 없다. 지금 내가 어떻게 하느냐에 달려 있다.

지금 당장 너의 꿈을 이야기하라. 그 꿈에 도전하라. 마치 처음부터 나의 일이었던 것처럼 시작하고 노력해라. 도전해야 꿈을 이룰 수 있다. 생각을 행동으로 옮기지 않으면 한낮에 꾸는 몽상에 불과하다. 꿈을 현실로 만드는 건 오로지 당신의 몫이다.

3

그 느낌 그대로

"먼저, 꿈꾸지 않는다면 그 어떤 일도 일어나지 않는다."
— 칼 샌드버그(미국 시인)

'먹고 살기 힘들다.'

보통 대부분의 사람들이 하루하루를 일개미처럼 열심히 일했지만, 일상은 변함없이 똑같고, 생활은 더 나아지지도 않을 때 보통 이런 말을 한다. 현재 생활에 많이 지쳐있는 사람들이 하는 '사는 게 힘들다'라는 표현과 같다. 그렇다. 세상 사는 게 쉬운 일이 어디 있으랴. 쉽게 본 일들이 막상 뛰어들어보면 만만하게 볼 일이 아닐 때도 있고, 어렵게 보았던 일이 되레 쉽게 풀리는 경우도 있다. 해 보지 않으면 모르는 법이다. 남의 일이라고 우습게 보아서도 안 된다. 흔히들 남의 성공담을 들으면, 속내도 모르면서 배 아파하고, 운이 좋았다고들 이야기한다. 보통 자신이 알고 있던 사람이면 더 한다. 얼마 전까지만 해도 나와 비슷한 상황이었는데, 저 사람이 어떻게 성공할 수 있었지? 축하는커녕. 시기와 질투뿐이다.

쉽게 성공하는 이는 하나도 없다. 분명 운도 어느 정도 따라야 하겠지만, 그동안의 노력의 결실이 빛을 본 것이다. 노력없이 얻어지는 것은 하나도 없다.

보통 사람들은 열심히 일하면 언젠가는 성공하리라 생각한다. 틀린 말도 아니지만 맞는 말도 아니다. 열심히만 살아서는 절대로 성공할 수 없다. 남들과 다른 성공한 인생을 살고 싶다면, 먼저 확고한 나만의 꿈이 있어야 한다. 꿈이 없고, 목적지가 없는데, 달리기만 한다고 성공할 수 있겠는가.

꿈꾸어라. 내가 어떻게 될 것인지. 어떠한 상황을 구체적으로 꾸면 더 좋다. 꿈은 상세히 꾸면 꿀수록 더 쉽게 이루어진다.

"불가능이 무엇인가는 말하기 어렵다. 어제의 꿈은 오늘의 희망이며 내일의 현실이기 때문이다."

— 로버트 고다드

"위대한 것을 꿈꾸면 위대한 일이 일어난다."

— 매리케이 애시

나는 어려서부터 이것저것 상상을 많이 했다. 물론 꿈도 예외는 아니었다. 초등학교 시절 꿈이나 장래 희망을 묻는 시간이 올 때마다. 딱히 무엇이 되고 싶거나 이루고 싶은 게 없었다. 중학생 시절. 패션 잡지책을 보면서 모델의 꿈을 꾸었다. 하지만 중학교 3학년 키 166cm에 멈추어 그 꿈은 포기할 수밖에 없었다. 그 후론 꿈이 없었다. 그냥 고등학교 잘 다니고 졸업하는 게 하나의 목표였고, 대학을 가서도 학교 잘 다니고, 취업 잘 하는 게 목표였다. 내가 작가의 꿈을 꾸기 시작한 건 사회생활을 시작하면서 판타지 책을 읽으면서 부터였다. 그때부터 나도 언젠가는 작가가 되고 싶다는 꿈을 꾸게 되었다. 한적한 교외에 나가서 혼자 살면서 글을 쓰는 삶을 상상하였다. 그때만 해도 결혼 안 하고 혼자 살아야겠다는 생각이 있었다. 가끔은 진짜 꿈속에서 판타지 내용의 꿈을 꾸기도 해서, 일어나자마자 생각나는 대로 스토리를 적기도 한 적이 있다. 그렇게 꿈을 꾼지 10년이 지나서야 꿈을 현실로 만들 기회가 왔다.

평소 친구들이나 지인에게 하던 이야기를, 나는 나와 같은 입장에 있는 여성을 대상으로 이야기 하고 싶었다. 생각에 그치지 않고, 바로 행동으로 옮기기 시작했고, 평소 나의 생각을 글로 쓰기 시작했다. 실행하지 않았더라면, 언제 이루어질지도 모르는 한낱 망상에 불과할 수 있는 꿈이 나의 현실이 되었다. 그리고 난 더 큰 꿈을 지금도 꾸고 있다. 시간이 걸리더라도 계속 전진 할 것이다.

우리가 잘 알고 있는 마이크로소프트 창업자 빌게이츠. 그는 이미 10대부터 뚜렷한 꿈을 꾸기 시작했다. 세계 모든 가정에 컴퓨터가 한 대씩 설치되는 것을 상상했고, 반드시 그렇게 만들겠다고 생각하였다. 그리고 그는 그렇게 해냈다.

지금은 가정에 컴퓨터 한 대가 아니라 두 대, 세 대도 있는 세상이가 되었다.

많은 이들이 수많은 도전 앞에 몇 번 해 보지도 않고, 난 안 된다고, 쉽게 포기해 버린다.

안 되는 것이 아니라 될 때까지 하지 않은 것이다.

현실을 만화라고 생각하고 당신의 꿈을 한번 마음껏 펼쳐 보라. 만화의 세계에서는 안될 게 없다. 말도 안 되는 것들도 이뤄지는 게 만화의 세계이다.

시간대 별로 상상하라. 아침에 어떤 침대에서 일어나서 어떤 주방 어떤 식탁에서 어떤 음식을 먹고, 어떤 차를 타고 어느 곳에 도착할 것인가. 그곳에서 내가 하는 주 업무는 어떤 것이며, 어떤 사람들과 점심을 먹을 것인가.

나는 주로 잠이 안 올 때 누워서 상상을 많이 한다. 그러면 가슴이 두근두근거려서 기분 좋은 꿈을 진짜로 꿀 때가 많다. 그럼 아침까지 기분이 좋다. 해 보지 않았다면, 구체적으로 꿈꾸는 것도 어려울 수 있다. '6하원칙'에 의해서 꿈을 구체적으로 꿔 보라. 다음 예시를 보고, 지금 당장 당신의 꿈을 상세히 적어보라.

6하원칙으로 적어보는 내 꿈 노트(예시)

1. 누가: 전 세계 팬 미팅을 다니는 미래의 나
2. 언제: 5년 후, 2021년 1월 21일 PM 12:20
3. 어디서: 미국 중심가 뉴욕 / 화이트 계열로 인테리어 된 조용한 고급 레스토랑
4. 무엇을: 독자와의 팬 미팅 초청을 받아
5. 어떻게: 팬 미팅 이틀 전 인천공항에서 14시간 비행기를 타고
6. 왜: 미국에 거주중인 한국인 여성단체 대표 10인들의 초청을 받아 팬 미팅 겸 점심 식사를 함께한다. 한 분 한 분께 싸인 북을 선물하고, 맛있는 점심을 먹으며, 많은 이야기를 나눈다.

〈 이제 당신의 꿈을 적어 보자 〉

누가: _____

언제: _____

어디서: _____

무엇을: _____

어떻게: _____

왜: _____

어떠한가? 상세한 그림이 펼쳐지는가? 이루어질지 아닐지는 중요하지 않다. 꿈은 크게 꾸어라. 잘 보이는 곳에 두고 계속 상상을 하여라. 이젠 실행하는 방법이다. 꿈을 정했다면, 어제와 같이 무조건 열심히만 살아선 답이 없다. 목적지 없이 달리는 것과, 목적지를 향해 달리는 것은 큰 차이가 있기 때문이다. 꿈을 향한 계획을 하루하루 실행에 옮겨야 한다. 내 인생 방향을 꿈 방향으로 틀어라. 어제와 다른 내가 돼야 하고, 오늘과 다른 내가 되어야 한다. 반드시 이루어진다.

꿈 설정> 꿈 실현 상세 계획> 매일 실천> 주, 월 단위 체크 후 문제점 보안

즉흥적인 꿈이 아니라. 반드시 확고한 꿈을 꾸어야 한다. 내 인생 확고한 꿈이 아니라면, 언제라도 그 꿈은 시련 앞에서 무너지기 마련이다. 언제든 다시 일어날 수 있는 확고한 꿈을 설정하라. 그렇다고 꿈만 생생하게 꾸기만 한다면, 달라지는 건 없다. 그에 맞는 철저한 계획과 목표 설정 그리고 즉각적인 행동이다. 실천하지 않으면 변하는 게 없다. 끊임없는 노력을 퍼부어야 이루어질 수 있는 것이다. 확고한 꿈 뒤에는 노력이 뒤따라야 한다. 치밀하게 계획을 세워 내 꿈에 한 발짝 다가서야 한다. 장기적인 계획(일 단위, 주 단위, 월 단위, 년 단위)으로 멀리 있는 꿈도 하나씩 단계별로 올라갈 수 있다.

노력하는 이에게 기회는 반드시 온다. 의심하지 말고, 내 꿈을 믿고, 나를 믿어라.

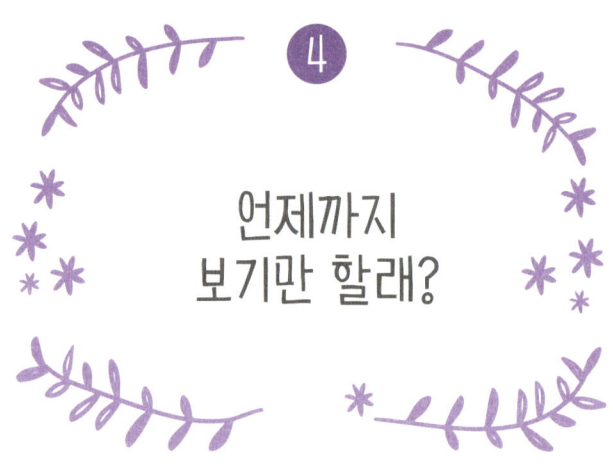

언제까지 보기만 할래?

"진짜 위험한 것은 아무것도 하지 않는 것이다."
— 데니스 웨이틀리(미국 작가)

학창시절 나와 친했던 친구 K는 내성적이며, 조용한 성격이었다. 어떻게 보면, 남자들이 좋아할만한 천상여자의 모습이었다. 그 친구와 나는 반대의 성격을 지녔다. 하지만, 우리 사이는 좋았다. 차분한 친구 덕분에 나는 한 번 더 생각하고 실행에 옮기게 되었고, 무조건 저지르고 보는 나의 성격 덕분에 그 친구는 고민을 조금 덜하고 결정하는 경우도 생겼다. 그 친구는 평소에 생각이 많은 편이었다. 뭔가 고민이 생기면, 혼자 쉽게 결정 내리지 못하고 항상 부모님이나 가족들에게 의견을 구하는 편이었다. 조언을 듣고 결정 내리는 건 좋다.

하지만, 나 같은 경우는 누구에게 조언을 구하기보다는, 혼자 충분히 고민해 본 후, 혼자 결정하는 편이었다. 친구 K와의 사이는 좋았으나, 항상 무언가를 하려면, 생각만 하고 어쩔 줄 몰라 하던, 친구가 답답했던 적이 많았다. 그럴 때마다 나는 친구에게 "언제까지 생각할 거야. 생각하다 끝나겠다. 할 거야, 말 거야."라는 식으로 친구를 재촉했다.

그 친구는 지금도 그렇다. 무언가 새로 도전이라도 하려면, 생각만 거의 1년을 한다. 그 도전을 두고 어떤 준비를 해야 하는지, 잘 할 수 있을 것인지, 위험은 없는지, 실패했을 땐 어떤 뒤따름이 생기는지, 다른 사람이 날 어떻게 생각할지 등 생각에 꼬리에 꼬리를 늘어 잡고 있다. 그렇게 생각하다, 하지 못한 것들도 많다. 너무 많은 생각 끝에 자신은 할 수 없을 것이라 결론 내려진 것이다. 해 보지 않고는 그 누구도 모르는 것이다. 나의 숨은 재능이 새로운 도전 앞에서 튀어 나올지 모르는 법이다.

'미국의 샤갈'이라 불리던 화가 해리 리버만은 폴란드에서 태어나 26세에 미국으로 건너왔다. 현금출납원으로 일하기 시작하여 맨해튼에서 과자가게를 운영하여 자수성가한 이주민 유태계 사람이었다. 모든 일을 자식들에게 넘겨주고 은퇴 후 그는 노인클럽에서 친구와 체스를 두며 여생을 보내는 게 삶의 낙이었다.
77세, 운명의 그 날도 다른 날과 다름없이 친구와 체스를 두려 기다리는데, 친구가 아파서 나오지 않아. 실망하고 있었다. 그 때 그를 본 자원봉사 청년이 그림을 그려 보는 건 어떠냐고 물었다. 어차피 친구도 오지 않는데, 심심하니 그림이나 그려 보자고……. 해리 리버만은 "여태 붓 한번 잡아 본적 없는 내가 이 나이에 무슨 그림이냐"고 거절하였다. 하지만, 딱히 할 일도 없어, 그 청년을 따라가 처음 붓을 잡게 되었다. 처음 붓을 잡은 그의 손은 떨렸지만 그는 금세 그림의 매력에 푹 빠지게 되었다.

81세가 되면서 본격적인 그림 교육을 10주간 배웠고, 그 후 그는 놀라운 재능을 펼쳐 보였다. 101세에는 22회 개인전시회를 열기도 했었다. 그의 101세 기념 전시회였다. 해리 리버만 그가 그때 남긴 말이다.

"나는 내가 백한 살이라고 말하지 않겠습니다. 다만 백일 년의 삶을 산만큼 성숙하다고 할 수 있지요. 예순, 일흔, 여든, 혹은 아흔 살 먹은 사람들에게 저는 이 나이가 아직 인생의 말년이 아니라고 얘기해 주고 싶군요. 몇 년이나 더 살 수 있을지 생각하지 말고, 내가 어떤 일을 더 할 수 있을지 생각해 보세요. 무언가 할 일이 있는 것, 그게 바로 삶입니다."

해리 리버만이 그림을 그려 보자고 권유했던 청년의 말을 듣지 않고 그림을 그리지 않았다면, 우리는 그를 기억하지 못했을 것이다. "그래 한번 해 보자" 한 것이 숨은 그의 재능을 찾을 수 있는 기회였던 것이다. 기회는 기회의 얼굴로 다가오지 않는다. 기회는 다양한 얼굴로 찾아오기 때문에 우린 쉽게 알아 볼 수 없다.

어느 책에서 보았던 연구결과이다. 최고의 그림을 그리는 방법을 두고 학생들을 대상으로 연구를 하였다. 한 그룹(A)은 어떻게 해야 좋은 그림을 그릴 수 있는지 최대한 생각한 후 3장의 그림을 그리게 하였고, 나머지 한 그룹(B)은 무조건 많은 그림을 그려 그 중에 가장 좋은 3장의 그림을 제출하게 하였다.

A그룹의 학생들은 어떻게 해야 최고의 그림을 그릴 것인지 생각하느라 겨우겨우 세 장의 그림을 제출하였고, B그룹 학생들은 일단 그리기 시작하여 최대한 많은 그림을 그렸다. 그리고 그 중에서 가장 좋은 세 장의 그림을 제출하였다. 결과는 어떠했을까?

B그룹 학생들의 성적이 더 좋았다. A그룹 학생들은 생각을 하느라 많은 그림을 그릴 수 없었고, 생각한 것처럼 그림이 잘 나오지도 않았던 것이다.

고심을 많이 한다고 좋은 결과가 나오진 않는다. 반면 무작정 그림을 그리기 시작한 B그룹 학생들은 그림을 그릴수록 좋은 그림을 그릴 수가 있었다.

생각만 한다고 좋은 결과가 나오진 않는다. 때로는 한 번의 실천이 백 번 생각하는 것보다 좋은 결과를 내놓기도 한다.

생각만 해도 당신의 가슴을 뛰게 하는 무언가가 있는가? 그럼 지금 당장 실행하라. 오늘 미루면 영원히 그 무엇도 해낼 수 없다.

망설이지 말고 지금 당장 계획을 세우고 실천하라. 망설일 시간이 있다면 그 시간에 조금 더 상세한 계획을 세우고, 치밀하게 한 단계

한 단계 실천해 나가라

> 지금 하는 일이 내가 하고 싶었던 일이 아닌 것은 분명하지만 그렇다고 하고 싶은 일이 무엇인지 딱히 발견하지도 못한 상황이라면 '내가 하고 싶은 일이 무엇일까?'라고 가만히 앉아 생각만 하는 것은 도움이 되지 않는다. 무엇이든 일단 시작해 봐야 한다.
> 지금 하는 일을 그만둘 필요도 없다. 꿈꾸는 직업이 있다면 쉬는 날을 이용해서 아르바이트나 자원봉사로 경험해 보는 것도 좋다.
> ―『내가 일하는 이유』, 도다 도모히로 저, 와이즈 베리, 2015, 52쪽

무언가 새롭게 시작하기 두려운 사람들에게 좋은 방법이다. 새로운 일에 두려움이 드는 이들에게 추천하는 방법이다. 하나하나씩 나에게 적응시키고 물들이기다.

지금 당장 내가 하던 일을 그만두고 새로운 일을 시작한다는 건 많은 용기가 필요하다. 특히나 적지 않은 나이이고, 가정까지 책임지고 있는 입장이라면 나 한 명만 생각해서는 안 될 일이기 때문이다.

그렇다고 쉽게 포기할 필요도 없다. 내 일을 그만둘 필요도 없다. 시간을 쪼개서 새로운 일에 차차 조금씩 도전하는 방법을 이용해라. 시간은 더 오래 걸리지만 쉬지만 않는다면, 길은 분명 보일 것이다.

남들보다 조금 느리게 간다는 건, 남들보다 많은 걸 보고 느낄 수가 있다는 것이다. 그동안 급하게 가느라 보지 못했던 것들, 놓쳤던 것들 말이다. 그러니 남들보다 늦다고 자책할 필요도 없다.

사람들은 자신의 인성 혹은 사고의 폭을 넓히기 위해 좋은 강의나 책을 읽는다. 하지만, 그 좋은 내용을 내것으로 만드는 사람은 흔치 않다. 좋은 것도 우린 5분이면 잊어버린다.

'뒤돌아서면 까먹는다.'라는 말이 있듯이 아무리 좋은 내용이라도 정리해두지 않으면 내것으로 만들 수 없고, 실천하지 않으면 내것으로 만들 수 없다.

우리는 좋은 행동들을 많이 알고 있다. 아침에 한 시간 일찍 일어나면 많은 시간을 확보해 운동이나 책을 읽을 수 있다는 것도 알고, 술과 담배는 몸에 해로운 것도 알며, 운동이 건강에 좋은 것도 알고 있다. 알지만 실천하는 이는 얼마나 되는가.

내일부터 해야지. 다음부터 해야지. 하루하루를 그렇게 미루지 않았는가. '오늘 하루만'이라는 생각에 여기까지 온 것이다.

이제 더 이상 미루지 말라. 항상 벼랑 끝에 서 있다고 생각하고 움직여라. 당장 내일 죽는다 생각하고 움직여라. 더 이상 갈 곳은 없다. 바로 실행에 옮기지 않으면, 더 이상의 내 미래는 없다.

"행동은 공포를 지운다. 행동하라. 기다리지 말라. 완벽한 준비는 불가능하다."

― 도미니크 글로슈, 미국의 작가

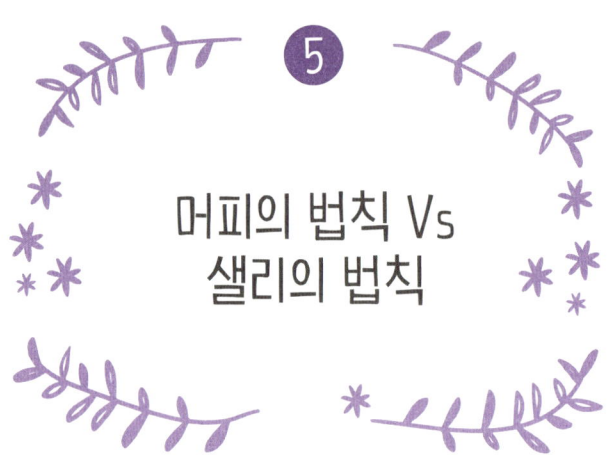

머피의 법칙 Vs 샐리의 법칙

"사람은 행복하기로 마음먹은 만큼 행복하다."
— 에이브러햄 링컨(미국16대 대통령)

머피의 법칙이란 무엇인가.

우리는 좀처럼 일이 풀리지 않고 갈수록 꼬이기만 하는 경우에 머피의 법칙이라는 말을 자주 쓴다. 살면서 이런 경우를 한 번도 겪지 않은 사람도 있을까?

알게 모르게 크고 작은 사건들로 누구나 한번, 아니 그 이상은 겪어 보았을 것이다.

이 책을 집필하던 중에 있은 일이다.

일주일에 1~2번은 꼭 통화를 하는 친한 친구가 있다. 친구의 남편과도 잘 아는 사이다. 그러던 어느 날 친구의 남편을 우연히 만났다.

친구 남편이 친구 어머니께서 최근 갑자기 뇌경색으로 쓰러지셔서 정신이 없었다는 얘기를 해 주었다. 그 얘기를 전해 듣고 한 달이 지난 뒤에야 친구를 만날 수 있었다. 친구는 이것저것 정신없는 사건들만 터져서 연락할 겨를이 없었다고 했다. 듣고보니 '어떻게 그럴 수가?' 하는 생각이 들 정도였다.

건강하신 어머니였다. 그런데 갑자기 뇌경색으로 쓰러지셨던 것이다. 친구에게 큰 충격이었다. 다행히 초기에 발견되어 치료 후 퇴원하실 수 있었다. 하지만 놀란 가슴을 진정시키기도 전에 다음 사건이 터졌다.

친구 어머니께서 퇴원한지 3일도 안 되어 할머니께서 돌아가셨다는 소식을 들어야만 했다. 이게 무슨 경우란 말인가. 무슨 정신으로 상을 치렀는지도 모르게 그렇게 할머니를 보내드려야 했다.

정신없는 친구를 위해 잠깐의 휴식을 선물하고 싶었던, 친구의 남편은 급하게 여행을 추진했다. 친구는 그렇게 급하게 가족들과 시아버님을 모시고 온천여행을 떠나게 되었다. 뭐든지 급하면 탈이 나는 것일까? 여행의 기쁨도 잠시……. 친구의 남편은 또 한 번 어이없는 사실을 친구에게 전했다. 아버님 몸에 혹이 있다고, 아무래도 큰 병원에 가봐야겠다는 것이다. 여행지에서 바로 친구의 남편과 아버님은 큰 병원에 갔다. 진단 결과는 '탈장'이었다.

벌써 그렇게 진행된 것도 수개월이 되었다는 것이다. 아버님 자신은 자식들에게 걱정 끼칠까봐 그동안 아무 말씀 못 하셨던 것이다. 그때 온천을 같이 가지 않았더라면, 친구 시아버님은 어떻게 되셨을지 모를 일이다.

　이 모든 대단한 사건들이 모두 한 달 안에 일어난 사건들이었다. 어찌 이럴 수 있단 말인가. 친구에게 전해 듣는 내내 어안이 벙벙했다. 한 달 만에 수척해진 친구의 안색이 무척 안타까웠다.

　20대 초반, 햇볕이 뜨거운 한여름이었다. 너무나 어이없는 사건이어서 아직도 기억이 생생하다.

　태풍주의보가 내려서 바람이 세차게 불던 날이었다. 바람 때문에 길가엔 간판도 떨어지고 난리도 아니었다. 매서운 칼바람을 피해 종종걸음으로 걷고 있었다. 네 거리 횡단보도에서 신호를 기다릴 때였다. 횡단보도 신호등이 초록불로 바뀌기만을 기다리고 있었다. 그때 어디선가 커다란 스티로폼(공사용으로 쓰이는 단열재 스티로폼)이 날아오더니 내 머리에 턱~ 하니 부딪쳤다. 나는 그 자리에서 휘청거리며 뒷걸음질 쳤다. 뒷걸음질 한 번 했을 뿐인데, 발 한쪽이 물웅덩이에 빠져 버렸다.

　스티로폼이 날아와서 한 번 놀라고, 아파서 두 번 놀라고, 창피해서 세 번 놀랐다. 주변에 서 있던 사람들이 괜찮냐고 물어오는데 아픈 것보다 창피함이 더 컸다. 어디서 날아왔는지 알 수 없는 스티로폼이었다. 나중엔 '하늘에서 누가 던졌나?' 라는 생각마저 들었다. 왜 하필 웅덩이는 거기에 있었는지, 분명 처음 횡단보도 앞에 설 때는 보이지도 않던 웅덩이였다.

　꼬일 때는 이상하게 꼬인다. 생각지 못한 곳에서 사건이 팡팡 터진다. 안될 때는 '뒤로 넘어져도 코가 깨진다.'라는 말이 있듯이 머피의 법칙은 우리의 일상생활에서 잊을 만하면 찾아온다.

안 좋은 일이 계속 터지는데 좋아하는 사람은 아마 한 사람도 없을 것이다. 그렇다고 나쁜 일만 자꾸 생긴다고 비관하고 있으면 모든 일이 모두 나쁘게만 보인다. 그러나 생각을 바꾸면 그리 나쁜 것만도 아니다.

앞에서 얘기한 친한 친구의 사례만 보아도 그렇다. 어머님이 아프셨던 걸 초기에 발견할 수 있었으니 얼마나 다행인가. 아버님 또한 그때 탈장을 발견하지 못했다면 나중에 터져서 더 큰 수술을 진행해야 했을지도 모를 일이다.

'머피의 법칙'과 반대로 우연히도 하는 일 마다 잘 풀릴 때가 있다.
우리는 이를 '샐리의 법칙'이라 한다.
2013년 취업포털 커리어에서 924명을 대상으로 '직장 내 머피의 법칙과 샐리의 법칙'에 대한 설문조사를 한 결과 1위는 '약속이 있는 날에는 꼭 야근을 하게 된다.'(24.%), 2위는 17.8%의 응답자가 '지각하는 날에는 더욱 오지 않는 버스와 엘리베이터', '급한 업무 전화를 걸면 상대는 없거나 통화 중이다.' 등을 꼽았다. 그 외에 '보너스 탔는데 약속이라도 한 듯 바로 생기는 급한 지출', '내 휴가 기간엔 꼭 비가 온다.', '내가 쓰려고만 하면 사무기기가 고장 나고 A4용지가 떨어진다.' 등으로 조사되었다. 이에 반해 '직장 내 샐리의 법칙' 1위는 '집에서 늦게 출발했는데 오히려 일찍 도착'(32.9%), 그 다음이 '지각을 했는데 때 마침 자리에 없는 상사'가 34.3%였다. 이 밖에는 '급한 지출이 있었는데 달력을 보니 곧 월급날', '회의 준비를 덜 했는데 오히려 칭찬' 등이 있었다. 설문 조사 전체 통계는 직장인들 89.4%가 샐리의 법칙보다 머피의 법칙을 더 경험했다고 답하였다.

  이 외에도 많은 법칙들이 있다.

- 마음속으로 간절히 원하고 바라는 일은 언젠가 이뤄진다는 – 줄리의 법칙
- 일어나지 말았으면 하는 일일수록 더 잘 일어나는 – 검퍼슨의 법칙
- 펜이 있으면 메모지가 없고, 메모지가 있으면 펜이 없고 둘 다 있을 때 메모 할 일이 없는 – 프랭크 전화의 불가사의 법칙
- 지난 이사 때 없어진 물건들은 다음 이사 때 나타난다는 – 질레트의 법칙

  생각하는 힘은 실로 대단하다. 샐리의 법칙, 머피의 법칙 또한 생각의 힘이 그대로 나타나는 것이다. 매사에 부정적인 사람은 항상 머피의 법칙을 운운할 것이고, 항상 긍정적인 사람은 샐리의 법칙처럼 모든 일이 술술 풀릴 수밖에 없다.

  세상사 본인 마음먹기에 달려 있다. 모든 일은 인과응보因果應報, 자업자득自業自得이다. 팥 심은데 팥 나고, 콩 심은데 콩 나는 거야 당연한 일이다.

쓸데없이 오만 가지를 가지고 법칙화시키지 말고, 내가 정당하게 한 일에는 정당한 결과가 따른다는 사실을 믿자.

어떠한 일에도 미리 대비하고 방어하는 자세를 유지한다면 우리에게 닥치는 머피의 법칙도 줄어들 것이다. 사람 마음먹기 달려있고, 생각하기 나름이다. 안 된다. 재수 없다. 생각하면 끝이 없다. 부정은 부정을 낳는다. 부정의 파급효과는 엄청나게 빠르게 번진다.

어둠속에서도 빛을 찾는 긍정의 힘을 우리는 믿어야 한다. 부정의 관점을 긍정의 관점으로 바꿔 보자. 어떻게 보느냐에 따라 상황은 다르게 해석될 수 있다. 시작은 나부터. 그리고 내 가족 주변까지 긍정으로 변화한다면, 더 나아가 우리 사회가 긍정으로 바뀔 수 있다. 그렇게 우리 주변에 일어나는 일들을 모두 긍정으로 물들여 나가자.

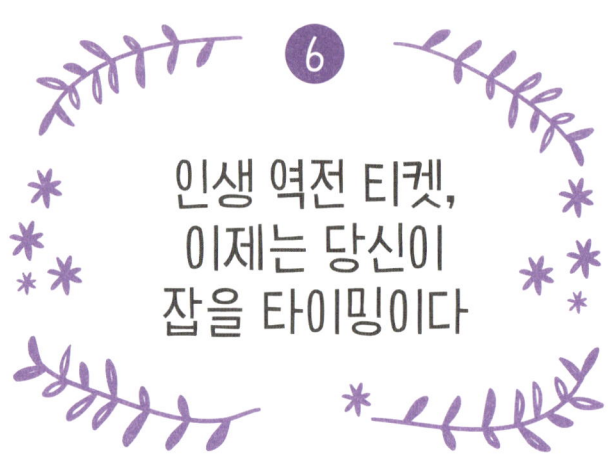

인생 역전 티켓, 이제는 당신이 잡을 타이밍이다

"나는 계속 배우면서 나를 갖추어 간다. 언젠가는 나에게도 기회가 올 것이다."
— 에이브러햄 링컨

인생 역전 하면 제일 먼저 떠오르는 게 무엇인가. 대부분의 사람들 머릿속에 복권이 제일먼저 생각날 것이다. 당신도 지금 바라는 인생 역전이 로또 당첨1등 인가? 로또를 구매하는 많은 이들이 "이번 주는 내가 주인공이야~"를 외치며, 주말이 올 때까지 엄청난 꿈에 부풀어 있다.

나도 가끔가다 복권을 사기도 하지만, 실상 그 인생 역전의 주인공들은 1주일에 1명 혹은 2~3명뿐이다. 확률적으로 쉽지 않은 로또복권만을 내 인생 최고의 역전의 기회라 하고, 기다리기에는 너무 허황된 꿈이 아닌가. 삶에 지쳐 로또에 기대고 싶은 마음이야 충분히 이해

한다. 이젠 허황된 꿈에서 벗어나 실현 가능한 나의 인생 역전을 준비해야 한다.

　음악 프로듀서 용감한 형제를 아는가? 얼마 전 TV를 보면서 알게 된 프로듀서이다. 특이한 별명? 닉네임? 덕분에 그 전에도 본 기억이 있다. 한 번씩은 들어봤을 것이다. 그는 히트곡 제조기 작곡가 겸 프로듀서 강동철 씨다. 히트곡으로는 미쳤어(손담비), 어쩌다(브라운아이드걸스), 마지막 인사(빅뱅), 나 혼자(씨스타), Gee(소녀시대), 심쿵해(AOA) 등 셀 수 없이 많은 곡들이 있다. 잘 나가는 인기 프로듀서, 그가 일 년에 벌어들이는 수입만 해도 수십 억이 넘는 걸로 알려져 있다.

　어렸을 때부터 사고뭉치였던 그는 10대 청소년기에 조폭의 길을 가려 마음먹기도 했었다. 문제아로 학교에서 낙인찍힐 정도였다. 그러다 우연히 어떤 음악을 듣다가 내가 만약 음악을 만든다면 누구보다 잘 할 수 있겠다는 자신감이 들었다. 그렇게 해서 그는 21살에 음악을 하기 위해 모든 걸 정리했다.
　하지만 처음부터 잘 나갔던 건 아니다. 음악을 반대하는 아버지와 마찰은 계속됐으며, 결국 아버지와 싸우고, 조그마한 폐공장을 얻어 혼자 살기 시작했다. 처음 음악 할 당시 생활했던 지하 폐공장에는 악기와 매트리스만 달랑 세면 바닥에 놓고 살았다. 그나마 공장도 하도 습해서 자고 일어나면, 온몸이 젖어 있기가 일쑤였다. 그렇게 2~3년 동안 집밖에 나가지 않고, 피나는 노력을 했다.

  어린 시절 사장님이 되는 게 꿈이었던 용감한 형제는 어려운 집안 환경, 잘못 들어섰던 어둠의 어린 시절을 이기고, 현재는 잘나가는 프로듀서에 '브레이브 엔테테인먼트' 대표가 되었다.
  그리고 이제 그는 또 다른 꿈을 꾼다. 프로듀서로 세계의 정상에 오르고, 자선사업으로 '밥차'를 평생 하는 꿈을. 그는 조만간 이룰 거라고, 자신 있게 말한다. 정말 밑바닥에서부터 올라온 용감한 형제야 말로 그 삶이 바로 인생 역전이다.

  인생은 타이밍의 연속이다. 그 타이밍을 손에 넣느냐 마느냐에 따라 5년 후, 10년 후 우리의 인생은 달라지는 것이다. 용감한 형제가 청소년기에 '어둠의 세계에서 나오겠다.' '음악을 하겠다.' 결심하지 않고, 계속 그 길을 고집했다면, 지금의 히트곡 제조기 용감한 형제는 없다. 지금 자신이 어디에 있건, 어느 위치에 있건, 우리는 우리가 원하는 건 뭐든지 일궈 낼 수가 있다. 그렇지만, 노력하지 않는 자는 인생 역전의 기회도 없다.

  어떤 책에서 보았던 실제 사례다. 어려서부터 친한 두 친구가 있었다. 둘은 같은 고향에 살았고, 집안 형편도 비슷했다. 결혼 후에도 여전히 둘은 단짝이었다. 하지만, 결혼 후 두 친구는 서로 다른 길로 생활에 차이가 나기 시작했다.

A는 결혼 후 수입을 적금을 드는데 투자했는데, B는 자기계발을 하는데 투자를 했다. 결혼을 해서도 자신의 꿈을 위해 대입학원을 다니면서 영어학원까지 다녔던 것이다. 두 친구의 차이는 갈수록 심해졌다.

  저축을 열심히 하던 A는 30대에 40평대 아파트로 이사를 갔지만, B는 수입이 생기면, 자기계발을 하는데 투자를 하느라 여전히 20평대에 전세로 살 주 밖에 없었다. 그런데 열심히 노력한 끝에 명문대학 영어영문학과에 입학하였다.

  세월이 흐른 후 두 사람의 삶은 어떻게 바뀌었을까? B는 영어선생님을 두고 운영하는 영어학원을 차렸고, A는 남편의 사업부도로 인해 다시 아파트 월세로 이사를 가야했다. 이 둘의 차이점이 무엇인가.

  A는 현재에 만족하며 내 삶이 이대로 유지될 거라는 생각으로 자기계발을 하는 친구를 오히려, 왜 그리 힘들게 사는지 이해하지 못했다.
  하지만, B는 현재 자신의 삶에 만족하지 않고, 더 나은 삶을 위해 더 배우고, 공부하면서 자기계발에 힘썼다.
  사람이 살면서 위기가 없으면 좋으련만 인생의 장애물은 꼭 나타나기 마련이다. A에게 남편 사업부도라는 위기가 찾아와 순탄할 것만 같았던 가정이 어려움에 처한 것이다.
  출발은 비슷했을지언정 5년 후, 10년 후 어떻게 달라지는지 지금하기에 달라져 있다. B가 A처럼 현재 자신에 삶에 만족하고, 아무런 도전을 하지 않았다면, 혹은 A가 B처럼 도전하고, 뭔가를 배웠다면, 둘의 삶은 바뀌어 있을지 모른다.

    사생아로 태어나 지독하게 가난한 엄마 밑에서 엄마의 무관심 속에 9살 때 사촌 오빠에게 첫 성추행을 당하고, 14살 어린나이에 임신까지 해 미혼모로 아이를 낳았으나, 그 아이마저 2주 만에 죽었다. 그 모든 고통을 혼자 이겨내야 했고, 그렇게 그녀는 방황할 수밖에 없었다. 하지만 그녀가 나쁜 길로 빠지지 않았던 것은 그녀에게 포기하지 않은 꿈이 있었기 때문이었다.
    누구의 이야기인가? 워낙 유명인의 스토리라 모르는 이가 거의 없는 '토크쇼의 여왕', '세계에서 가장 영향력 있는 여성' 오프라 윈프리의 어린 시절 이야기이다.

    처음 그녀의 인생스토리를 알게 되었을 때, 정말 놀라웠다. 보통의 사람이라면, 이런 시련을 이겨내기가 어려울 수도 있다. 더 이상 나빠질 수도 없는 상황이다. 내가 만약 이런 상황에 처했다면 어떻게 되었을까?
    힘들다. 나만 힘들 것 같지만, 누구에게나 어려움은 있게 마련이다. 그것을 어떻게 이겨내느냐. 어떻게 버텨 내느냐. 어떻게 헤쳐 나가고 극복하느냐에 따라 결과는 달라진다.

    누구나 인생이 평탄하지만은 않다. 사연 없는 사람이 없듯이. 우리의 인생은 출렁이는 파도와 같다. 그렇다고 주저앉을 필요도 없다.

성난 파도를 마주할 때면 잠시 쉬어가면 되고, 잔잔한 파도를 만나면 거침없이 전진하면 된다.

현재 삶에 안주하지 마라.
언제 나탈날지 모르는 위기 혹은 기회를 위해 우리는 끊임없이 배우고, 도전해야 한다.
어릴 때 심한 열병으로 인해 듣지도, 보지도, 말 하지도 못하는 삼중고의 장애인이 된 헬렌 켈러 또한 이렇게 말했다.
"무엇엔가 오랫동안 몰입한다면, 우리는 원하는 모든 것을 얻을 수 있다."

계란을 깨트려야 오믈렛을 만들 수 있고,
물을 끓여야 라면을 만들 수 있다.
펜을 들어야 글을 쓸 수 있고,
운동화를 신어야 뛸 수 있다.

당신이 지금 하려는 게 무엇이든 일단 시작하라.
'물이 고이면 썩는다.'
우리 사람도 마찬가지다. 한 곳에 있으면, 그 곳 밖에 세상을 보지 못하는 우물 안 개구리 신세와 같다. 한곳에 있으려 하지 말고, 무엇이라도 좋다. 움직여라.

가치 있는 일은 쉽게 얻어지지 않는다.

내가 쉽게 가질 수 있는 건 남들도 쉽게 얻을 수 있다는 것을 명심하라.

PART 6

서른다섯, 지금 시작해도 늦지 않아

- 꿈길에서 체크하라
- 나를 바꾸는 습관
- 처절한 실패, 수 많은 도전! 그 순간을 즐겨라
- 5년, 10년 후
- 이젠 주인공으로 데뷔하라
- 서른다섯, 지금 시작해도 늦지 않아

꿈길에서 체크하라

"여러분이 할 수 있는 가장 큰 모험은 바로 여러분이 꿈꿔 오던 삶을 사는 것입니다."
— 오프라 윈프리

"꿈이 뭐예요?"

초등학교 수업시간에 한 번쯤은 들어봤을 질문이다. 나 또한 당시 어떤 대답을 했는지 기억조차 흐릿하다. 그 만큼 어린 시절엔 꿈이 많이 바뀐다. 세상에 어떤 직업들이 있는지 조차 잘 모르고, 어떤 직업이 어떤 일을 하는지 모르기 때문이다.

'꿈'이 직업을 묻는 것일까? 아니다. 그러면 질문을 바뀌야 한다.

"장래 희망이 뭐예요?"

지금 생각해 보면 꿈을 물어보는 선생님보다 장래 희망을 물어보는 선생님이 더 많았던 것 같다. 직업이 우선인가. 꿈이 우선인가.

어릴 때 꿈이 거대했더라도 현재 그 꿈을 직업으로 삼아 일을 하는 사람은 많지 않다. 대다수가 학창시절 부모님이 하라는 대로 공부를 한다. 성적에 맞춰 대학을 가고, 원하는 전공보다는 성적에 맞춰서 선택하는 경우가 많다. 취업 또한 내가 원하는 회사 보다, 돈이나 조건을 보고 결정하는 경우가 많다. 현실이 이러다 보니 내가 좋아하는 일, 하고 싶은 일을 직업으로 둔 사람은 찾아보기 힘들다. 그저 현실에 맞춰 근근이 밥벌이로 회사를 다니고 있는 이들이 더 많다.

  나 또한 여러 차례 직장을 옮겼지만, 한 번도 내가 하고 싶어서 한 일이라기보다, 그때그때 내가 할 수 있는 일. 시간과 조건에 맞춰서 일을 찾아다닐 수밖에 없었다. 결혼 전에는 하고 싶은 일을 찾아 직장을 그만두기도 했지만, 결혼 후에는 아이들이 집에 없는 시간에 할 수 있는 일을 찾아야 했다.

  무작정 주먹구구로 일해서는 아무것도 할 수 없는 시대에 우리는 살고 있다. 언제까지 대충 끼워 맞춰서 살 것인가. 퇴근하고 대충 TV 보면서 시간을 허비하다 잠들고, 회사에서는 점심시간, 퇴근시간만 바라보다 퇴근하고, 친구들, 직장 동료들과는 언제까지 남 험담만 하면서 시간을 허비할 것인가.

  지금 무엇을 해야 하는지, 앞으로 어떻게 살아가야 하는지 생각해 보았는가? 생각해 보았다면 생각에 그치지 말고, 한번 적어보도록 하자. 그리고 잘 보이는 곳에 붙여 두어 초심을 잃지 말고 나를 다그쳐서라도 변화된 나를 만나도록 노력해야 한다.

앞으로 가지 않으면 절대 아무것도 변하지 않는다. 신세한탄만 한다고 신세가 달라지지 않는다는 말이다. 하고 싶은 것, 배우고 싶은 것, 가고 싶은 것들을 시작으로 나의 드림 리스트부터 작성해 보자.

누구나 드림 리스트가 있다. 단지 적어보지 않아서 없는 것 같고, 잊고 있었을 뿐이다. 하지만 빈 종이에 한 글자, 한 글자 적어 내려가다 보면 생각했던 것보다 많은 내용을 적을 수가 있을 것이다. 꿈이라고 해서 대단한 것이 아니다. 나 또한 매년 드림 리스트를 보면, 일상적인 것들도 많다. 예를 들면, 아이들과 기차여행 가기, 한 달에 한 번 문화생활 즐기기 등등……. 일반적인 것들이 더 많다. 작은 일이지만 바쁘다는 핑계로, 힘들다는 핑계로, 귀찮다는 핑계로 그것조차 못하고 살았던 나에게 올해 이것만큼은 해 보자 하고, 적어 보는 것이다.

드림 리스트를 작성하기 전에 먼저 '나에 대해서' 얼마나 알고 있는지 생각해 보자. 구체적인 드림 리스트를 작성하는 데 도움이 된다.

- 내가 잘 하는 것은 무엇인가. 나의 강점은 무엇인가?
- 나는 지금 무엇을 위해 살고 있는가?
- 나의 꿈은 무엇인가?
- 내가 하고 싶은 일은 무엇인가?
- 나에게 가치 있는 것은 무엇인가?
- 내가 원하는 삶이란 어떤 것인가?
- 내 인생 이대로 직진, 괜찮은가?

답을 찾는 과정에서 분명히 나의 가치관이나 인생관을 찾을 수 있다. 나를 찾는 질문들을 찾았다면 생각만 하지 말고 바로 그 질문에 대한 답을 종이에 한번 적어보자. 그리고 그 과정에 필요한 본인의 드림 리스트를 적어 보라.

나는 매년 드림 리스트를 작성하고, 평생의 드림 리스트를 작성한다. 언제까지 이룰 것인지 기한까지 적어 두는 편이다. 꼭 그 기간을 지키지 않아도 좋다. 조금 늦더라도 꼭 이루어진다. 믿고 행동하면, 정말 나중에 보면 신기하게도 하나씩 이뤄진다. 그 때 보람을 느낀다. 드림 리스트를 작성했다면, 잘 보이는 곳에 붙여놓고 수시로 보자.

보통 작성을 하고 잊어버리는 경우가 많다. 작성을 했으면 실천을 해야 한다. 가장 눈에 띄어 안보고는 못 지나갈 것 같은 곳에 붙여 두어야 한다. 그렇게 내 머릿속에 다시 한 번 되새기고, 한 번 더 실천하는 노력을 기울여야 한다.

나는 바인더에 한 장, 주방에 한 장, 눈높이에 맞게 잘 붙여 놓는다. 집에서 주방에 있는 시간이 많다 보니 제일 눈에도 잘 띈다. 설거지하면서 '그래, 내가 연초에 이런 계획들을 세웠었지' 하고, 재확인 하고 행동으로 옮기려 노력한다.

드림 리스트를 작성하고, 하나씩 실천하고 이루어나갈 때마다, 자신감도 생기고, 자존감 또한 높아지는 걸 느낄 수 있을 것이다. 행복의 크기 역시 그만큼 커질 것이다.

꿈이 있는 이들은 지치지 않는다. 아무리 힘들고 어려움이 닥쳐도 포기 할 수 없는 꿈이 있기에 반드시 다시 일어선다. 하지만 꿈이 없

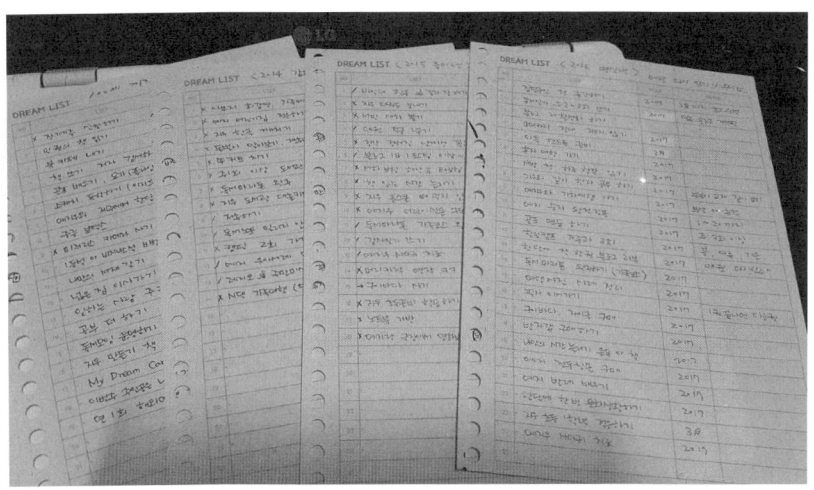

는 이들은 이내 포기하고 만다. 전자가 될 것인가. 후자가 될 것인가.

행동하지 않으면, 아무것도 이뤄 낼 수 없다. 계획을 세웠다면, 한 발짝이라도 움직여 보자. 결과에 연연하지 말고, 끝까지 포기하지 않는다면 내 꿈 가까이 서 있는 나를 만날 것이다.

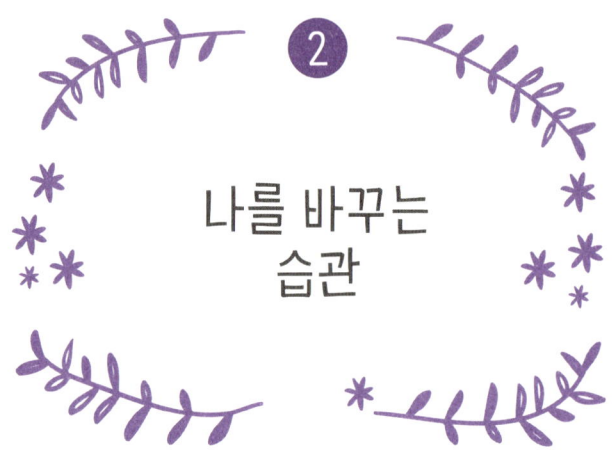

나를 바꾸는 습관

"우리가 반복적으로 하는 행동이 바로 우리가 누구인지 말해 준다.
그러므로 중요한 것은 행위가 아니라 습관이다."
— 아리스토텔레스(고대 그리스의 철학자)

취업 포털 사이트에서 몇 년 전에 524명의 직장인을 대상으로 설문 조사를 했다. 그 결과 67.7%가 연말에 새해 초 세워 둔 목표를 달성하지 못했다고 답변했다. 목표 달성률은 32.3%에 그쳤다.

새해에 우리가 하는 수많은 결심들. 그 결심을 끝까지 이뤄 본 사람이 과연 몇이나 될까? 많은 이들이 해돋이를 보면서 새해 결심을 한다. 올해는 꼭 이루리라. 그리고는 새해 첫 날 하는 일이 다이어리나 가계부를 사서 열심히 새해 계획을 적기 시작한다. 하지만 그 계획이 얼마나 가던가. 3일, 1주일, 1달, 아마 석 달을 채우기가 힘들었던 경험들이 누구나 있을 것이다.

다들 지나치게 큰 결심, 큰 욕심을 내기 때문이다. 금연, 다이어트는 우리의 영원히 풀리지 않는 숙제다. 그처럼 어려운 계획들은 조금 더 구체적으로, 조금 더 자세하게 또는 작게 쪼갤 필요가 있다. 그래야 실현 가능성에 조금 더 가까워 질 수 있다.

습관도 마찬가지이다. 처음부터 좋은 습관을 가지려는 의도로 내일부터 '아침 5시 기상', '아침 1시간 조깅', '독서 1시간' 처럼 높은 목표를 잡으면, 막상 내일 아침에 일어나는 것부터 곤욕일 것이다. 내가 할 수 있는 부담이 안가는 최소한의 선으로 목표를 잡는 게 좋다.

평소 8시에 기상을 했다면, 무리하게 1~2시간 먼저 일어나는 걸 목표로 하기보다는 '10분 먼저'는 어떤가? 시간은 익숙해지면 차차 늘려가도 나쁘지 않다. 우선 본인이 할 수 있는 수준에서 목표를 작게 세워야 실현가능성이 더 높아지는 것이다. 처음부터 실천하기 어려운 습관을 목표로 세운다면, 작심 3일이 아니라. 단 하루 만에 끝나버리는 해프닝으로 끝나 버린다.

나는 좋은 습관을 가져야겠다고 결심하고 제일 먼저 한 것이 바로 '내일 할 일 적기'이다. 처음에는 바인더에다 다음날 할 일을 적곤 했는데, 매일 바인더를 따로 펼쳐보아야 하는 불편함이 생겼다. 펼쳐보지 않으면 생각이 안 났다. 워낙 건망증이 심해서 방금 적은 것도 생각이 안 나는데, 전날 적어 놓은 게 수시로 생각날 리가 없었다. 그 이후로는 접근성이 더 유용한 스마트폰을 사용했다.

요즘 스마트폰 앱이 좋은 게 정말 많아서 조금만 찾아보면 본인에게 맞는 앱을 금방 찾을 수 있다. 스마트폰 앱을 활용하겠다고 마음먹었다면, 이왕이면 바탕화면에서 바로 확인이 가능한 위젯 기능이 있는 앱을 추천한다.

본인에게 맞는 방법을 찾아 스마트폰이든 노트를 활용하든 상관없다. 일단 메모하는 게 먼저다. 과욕은 금물. 처음부터 '내일 할일 10가지' 이렇게 수를 정하는 것보다. 잠자기 전에 내일 처리할 일 중 중요한 순서로 생각나는 대로 적는 게 좋다.

단, 여기서 급한 일보다. 중요한 일을 꼭 먼저 적도록 노력해야 한다. 매번 급한 일을 먼저 처리하다 보면, 정작 중요한 일은 시도도 못하고 하루가 끝나 버린다. 중요한 일을 먼저 하는 게 일의 순서이다. 하나도 좋다. 할 일이 많은 날도 있는가하면 할 일이 별로 없는 날도 분명 있을 것이다. 스마트폰 바탕화면 위젯을 사용하면 생각날 때마다 수시로 할 일을 메모할 수 있어 좋다.

지금 당장 내 스마트폰 앱 다운로드에서 'to do' 또는 'to do 위젯'을 검색해 보라. 그리고 나와 가장 잘 맞을 것 같은 앱을 2~3개 다운받아 가장 나와 잘 맞는 앱을 선택한 후, 필요 없는 앱은 삭제하면 된다.

생각만 하면 항상 미루게 되고, 미루다 보면 잊혀 진다. 지금 당장 해 보아라. 10분도 걸리지 않는 일이다. 그냥 하루하루를 멍 때리고 있을 때가 종종 있다면, 더 더욱 꼭 실천해 보아야 한다. 멍 때리지 말고, 오늘 할 일부터 하고, 시간 남으면 내일 할 일까지 미리 해 보자.

스티븐 기즈는 자신의 저서 『습관의 재발견』에서 작은 습관으로 습관을 최소화하라고 강조하고 있다.

> "작은 습관이란 말 그대로 당신이 갖고 싶어 하는 새로운 습관의 최소 버전이라고 보면 된다. 예를 들어 '하루 팔굽혀펴기 100번'은 '하루 팔굽혀펴기 한 번'으로 최소화할 수 있다. '매일 A4 5장 글쓰기'는 '매일 2~3줄 쓰기'로 줄어든다. '항상 긍정적으로 살기'는 '하루에 두 번 긍정적인 생각하기'로 최소화하면 된다. '혁신적인 기업가 정신을 가지며 살기'는 '하루에 아이디어 두 가지 생각해 내기' 정도면 좋겠다."
> ―『습관의 재발견』, 스티븐 기즈 저, 비즈니스북스, 2014, 42쪽

나도 윗몸일으키기 한번으로 운동을 시작했다. 지금은 잠자기 전 운동하는 횟수도 많이 늘어서 덕분에 복근 근육도 탄탄해졌다. 이처럼 작은 습관으로 실천하다보면 접근성이 쉽기 때문에 두려움 없이 시작 할 수 있다. 쉽게 할 수 있어야 매일 할 수 있다. 그렇게 매일 같은 시간대 실천해 보자. 어느 순간 내 의지와 상관없이 내 몸이 이미 자동실행하고 있음을 경험할 것이다.

그렇다면, 나를 지배하고 있는 습관들 ……, 다 좋은 습관만 있을까? 그렇지 않다. 누구나 나쁜 습관 하나쯤은 갖고 있다.

나는 습관 중 TV 보는 습관이 있었다. 여러 프로를 보는 건 아니지만, 드라마를 특히나 좋아해서, 한번 보기 시작하면 첫 편부터 끝까지 몇 시간을 앉은 자리에서 주구장창 볼 때도 있었다. 아침부터 첫 편을 보기 시작해서 저녁까지 보기도 하고, 그래서 지금은 집에서 거의 TV를 켜지도 않고, 잘 안 보는 편이다.

아무생각 없이 밥 먹자마자 소파에 누워 TV를 보는 습관, 잠자리에서 스마트폰 검색하는 습관, 다 나쁜 습관들이다.

그럼 이처럼 나쁜 습관이 있으면 이를 어떻게 해야 할까? 흔히들 나쁜 습관을 고치려 하기 때문에 고쳐지지 않는다. 나쁜 습관을 고치려 하지 말고, 좋은 습관을 몸에 익히면 된다. 좋은 습관들이 자리를 차지하고 나면, 나쁜 습관은 저절로 없어지게 된다.

> 많은 사람이 어떤 행동을 그만두기 위해 온 에너지를 쏟으면서도 마음속의 생각 습관은 변화시키지 않는다. 그렇기 때문에 습관적인 행동을 바꾸는 데 실패하는 것이다. '할 수 없다.'고 믿으면 정말로 할 수 없고, '할 수 있다.'고 믿으면 실제로 해낼 수 있다.
> ―『나는 오늘도 나를 응원한다.』, 마리사 피어 저, 비즈니스북스, 2011, 286쪽

작은 나를 바꿔 크게 변하는 나를 만나라. 나에게 아주 작은 변화일지라도 앞으로 큰 변화를 가져다줄 수 있다.

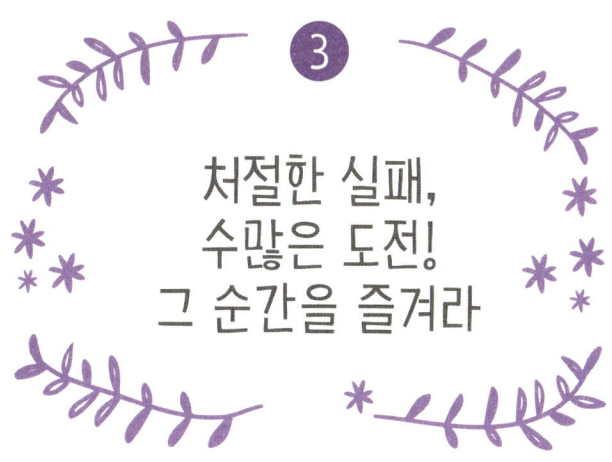

처절한 실패, 수많은 도전! 그 순간을 즐겨라

"인간의 목표는 한 번도 실패하지 않는 것이 아니라 실패할 때 마다 일어서는데 있다."
— 단테(이탈리아의 시인)

    학창 시절부터 나는 전단지 아르바이트, 편의점 아르바이트, 토스트 아르바이트, 호프집 아르바이트, 도서관 근로학생, 삼성반도체, Gis 프로그래머, 온라인 쇼핑몰 운영, 텔레마케터, 도어락 사무직, 주방 설계사, 치킨집 창업, 화장품 영업, 부동산 영업까지 많은 분야에서 일을 했다.

    중학생 때 처음으로 아르바이트에 발을 디뎠다. 바로 전단지 아르바이트다. 그땐 꼭 돈을 벌려고 한 일은 아니었다. 오빠를 따라서 처음으로 돈을 벌 수 있다는 호기심에 시작했다. 그렇게 동네 이집 저집에 전단지를 붙이며 다녔다. 처음으로 '돈을 버는 게 결코 쉽지만은 않구나.'라는 걸 알게 해준 계기였다.

그 이후로는 20살이 넘어서 아르바이트를 다시 시작했다. 학교 다니면서 내 용돈은 내가 벌고 싶었다. 보통 사람들은 날 보며, 끈질기게 뭘 오래 하지 못한다고 생각할지도 모른다. 하지만, 난 다르게 생각했었다.

지금은 옛날처럼 한 직장에서 평생 일을 할 거라 생각하고 직장을 다니는 사람은 아마 없을 것이다. 평생직장이란 말이 없어질 정도로 한곳에 정착했다고, 안심해서 될 일이 아니다. 언제 내 책상이 없어질지 모르는 그런 사회에 우리는 살고 있다.

나는 지금보다 더 젊은 시절, 많은 도전과 경험을 하고 싶었다. 그건 지금도 마찬가지이다. 사회생활을 본격적으로 하기 전에는 다양한 아르바이트로 사회경험을 미리 경험하고 싶었고, 뭔가를 처음부터 배우고, 나중엔 그걸 능숙하게 해내는 나를 보며, 무엇보다 보람되었다. '젊어서 고생은 사서 한다'라는 말도 있는데, 돈 받으며 새로운 것을 배우고 경험하니 이 얼마나 좋은 기회인가. 아르바이트를 하면서 한 번도 창피한 적도 없었다. 난 아르바이트를 해서도 허투루 돈을 쓴 적은 별로 없었다. 그 돈으로 새로운 무언가를 배우는데 주로 쓰곤 했다. 자격증 취득을 위해 학원을 다닌다던가, 주로 뭔가를 배우는 학원에 사용했다. 그 당시엔 배우고 싶은 건 많은데 돈이 없었다. 그렇다고, 부모님에게 돈 달라고 손 벌리기도 싫었다.

결혼 후엔 아이들 육아 때문에 당장 일을 할 수는 없었다. 그렇다고 물 흘러가듯이 흘러가는 내 인생을 그냥 보낼 수 없었다. 피부관리사, 간호조무사, 메이크업, 방과 후 교사 등 시간 날 때마다 공부하며, 배웠다. 새로운 것을 배울 때마다 결코 쉬웠던 건 하나도 없었다.

2006년 푸켓. 내색 안 하려 해도 내 가슴까지 어떻게 할 순 없었다. 이미 내 심장은 콩닥콩닥, 다리는 후들후들 떨리고 있었다. 어느새 나는 꼭대기까지 올라와 있었다. 다리 밑을 보니 까마득했다. 포기할까? 할 수 있을까? 무섭지 않을까? 나 지금 떨고 있는 건가? 머릿속은 시간이 지날수록 점점 더 복잡해져만 갔다.

바로 지상으로부터 높이 60미터 상공에 떠 있는 있을 때였다. 애써 태연한 척 했지만, 내 심장은 이미 좁아들어 숨소리조차 제대로 내 쉴 수가 없었다. 준비는 끝났다. 드디어 뛰어내리려는 순간. 갑자기 거센 바람이 불기 시작했다. 바람이 잔잔해지길 기다리는데 시간이 지체될수록 점점 더 자신이 없어졌다. 알 수 없는 두려움까지 몰려오기 시작했다.

그 순간 두려움을 떨치기 위해 내가 할 수 있는 건, 먼 산만 바라보는 거였다. 옆에서 현지인이 뭐라 하는지 알아들을 수도 없었다. 그렇게 제정신 못 차리고 있을 때, 드디어 바람이 잦아들었다.

3, 2, 1, 0. 번지.

순간 내 심장이 멈춘 건지. 심장이 떨어진 건지. 시간이 멈춘 건지. 알 수 없는 정지? 같은 걸 느꼈다. 말 그대로 가슴이 철렁 하는 걸 제대로 실감 할 수 있는 순간이었다. 그렇게 두려움도 잠시, 알 수 없는 쾌감? 승리감? 자신감? 기쁨? 여러 가지 기분이 교차했다.

  그렇게 번지를 해내고 지상에 내려왔을 때 너무나도 기뻤다. 뛰어내릴 때 잠시 주춤하기도 했으나, 뛰어내릴 때 심장이 떨어질 듯한 기분은, 번지를 뛰지 않고는 절대 느껴 볼 수 없는 기분이다. 처음 두려움은 어디가고 나는 한 번 더 뛰고 싶은 충동이 들 정도로 신나고, 재미있고, 기분까지 업 되었다.

  아마 내 인생 가장 스릴 넘치는 도전 중 하나였던 것 같다. 번지를 뛰고 나서는 정말 자신감마저 충만했다. 이 정도 각오라면, 뭐든 할 수 있을 것 같았다. 그런 내가 스스로 대견하기까지 했었다.

  나는 지금도 새로운 도전을 모색하고, 새로운 배움을 갈구한다. 처음 친구와 재미로 번지점프에 도전한지 벌써 10년이 지난 지금, 나는 다시 한 번 번지점프에 도전하려한다. 혼자가 아닌 이젠 남편과 함께 제2의 인생을 다짐하면서 말이다.

  사람은 죽을 때까지 배움의 길에 있어야 한다. 나는 수많은 도전과 직업을 전전하며 살아왔다. 하지만 한 번도 실패했다 생각하지 않았다. 각각의 배움은 그 어떤 것과 바꿀 수 없다.

  우리가 다 아는 천재화가 피카소. 그는 그 정상의 자리에 오르기까지 실로 엄청난 노력을 했다. 그는 그림의 기본 데생 작업을 익히기 위해 수많은 시간을 투자했고, 유명화가의 작품을 따라 그리는 연습도 수 없이 했었다. 현재 그가 남긴 작품은 무려 4만 5,000점에 이르지만 그 작품의 수를 남기기 위해 그는 얼마나 더 많은 그림을 그려야 했겠는가.

　5살 때까지 말도 제대로 못하고 초등학교도 제대로 졸업 못한 알베르트 아인슈타인. 그는 상대성 원리를 발표하고 우주에 대한 새로운 지식을 우리에게 남겼다. 알베르트 아인슈타인은 말했다.

　"실패한 경험이 없는 사람이 있으면 나와 보라. 그런 사람이 있다면 그는 열심히 노력해 본 적이 없는 사람일 것이다."

　27년 동안 감옥 생활을 했던 넬슨 만델라는 노벨 평화상까지 받는 영광을 누리기도 했다. 그는 인종 차별 정책에 투쟁을 벌이다 감옥에 수감되어 27년이란 세월을 감옥에서 보냈다. 그는 옥중에서 투쟁보다는 화해와 용서 그리고 평화가 필요하다는 것을 절감하고, 평생 화해의 노력을 했다. 그 결과 1993년 노벨평화상, 1994년 남아프리카공화국 최초 흑인대통령이 되었다.

　강철 나비의 수식어가 어색하지 않은 그녀 강수진. 그녀는 1년에 1,000개가 넘는 발레슈즈를 신는다. 그녀는 아직도 하루에 2~3시간 수면을 할뿐, 나머지는 발레연습 하는 시간으로 보낸다.

　수많은 노력으로 정상에선 이들이 만약 한 번의 실패로 그 자리에 주저하거나, 다른 방향으로 인생을 바꿨다면, 우리가 아는 피카소, 아인슈타인, 넬슨 만델라, 강수진은 없었을 것이다. 사람은 실패를 통해 배운다. 실패했다고 좌절만해서는 아무것도 배울 수 없다. 내가 왜 실패를 했는지, 원인을 찾아야 다음 도전에는 똑같은 실수를 되풀이 하지 않는다. 그렇게 일어서기를 반복하면, 우리는 성공이라는 곳에 조금씩 다가설 수 있는 것이다.

 이 책의 원고를 준비할 당시, 나는 여러 곳의 출판사에 원고를 의뢰했다. 하지만, 전문 작가가 아닌 나에게 기회는 쉽게 오지 않았다. 물론 실망하지 않았다면 사람이 아닐 것이다. 하지만 내가 여기서 그만둔다면 아무것도 아닌 것이 된다는 생각에 '이번에 안 되면 다음에'라는 생각으로 다시 글을 썼고, 그래서 지금의 출판사와 연이 될 수 있었던 것이다. 내가 만약 거절 받을 때마다. 좌절하고 포기했다면, 지금의 나는 없었을 것이다. 그냥 나를 믿고 계속해서 글을 수정해 가며 쓰고 또 썼다.
 도전을 많이 하는 사람은 실패를 두려워하지 않는다. 그 실패가 나중에 어떻게 돌아올 것인지를 누구보다 잘 알고 있기 때문이다. 실패와 성공은 양면의 동전과 같다고 흔히들 이야기한다. 실패 없는 성공은 없다.

 발명가 제임스 다이슨은 청소기를 개발할 당시 5,127번이 넘는 실험을 했으며, 끝끝내 성공하여 엄청난 부자가 되었다. 실패의 이야기 앞에서 빠질 수 없는 천재 발명왕 토머스 에디슨, 그는 모든 실험에서 수천 번의 실패를 거듭하였다. 그가 남긴 특허 수만 1,000종이 넘는다. "성공은 1퍼센트의 영감과 99퍼센트의 노력으로 이루어진다."라는 말을 남긴 에디슨이 백열전구를 발명하기까지 2천 번의 실험에 실패했다는 사실은 너무나도 유명하다.

  도전하지 않으면, 실패도 없다. 실패가 두려워 도전하지 않을 것인가. 도전하지 않으면, 아무것도 달라지지 않는다. 도전하지 않는 사람은 달리지 않는 자전거와 같다. 페달을 밝지 않으면, 앞으로 가지 않는다. 아무리 재능이 많아도 도전하지 않으면, 녹슨 자전거가 되고 만다.

  언제 도전해야 좋을까 고민하지 마라.
  좋은 기회만 엿보고 있다가 허송세월 다 보내게 된다.
  고민하는 지금이 최적의 순간이다.

4

5년, 10년 후

"우리에게 닥친 일을 불가능하다고 여기지 않는다면, 더 많은 일들을 성취할 것이다."
— 크레티앵 말제르브(프랑스의 정치가)

    그리 오래 살지는 않았지만 나름 열심히 살았다. 하지만 변하지 않는 현실이 항상 나를 답답하게 했다. 왜 열심히 살아도 나는 항상 제자리일까? 항상 의문을 품으며 살아왔다. 가난은 대물림된다는 말이 있다. 결혼 후 나는 우리 아이들에게 만큼은 이 가난을 대물림 해 주기 싫다는 생각이 더 나를 답답하게 했다.

    정해진 남편의 월급에 아이들까지 둘이니 항상 빠듯한 살림이었다. 말 그대로 한 달 벌어 겨우 사는 한 달살이에 지나지 않았다. 신랑은 항상 열심히 벌어왔지만 항상 부족한 생활 형편에 저축은 언감생심焉敢生心이었다. 주변을 봐도 열심히 살지 않는 사람이 없다.

우리 부모님만 해도 그렇다. 어릴 때부터 항상 맞벌이 해 오신 부모님이다. 우리가 어릴 때 어머니는 집에서 부업을 오랫동안 하셨다. 가전제품에 들어가는 모터의 부품을 만드셨다. 워낙 무거운 부품들이라, 그 일을 오랫동안 하시면서 허리디스크라는 병까지 얻으셨다. 그 이후로도 어머니는 쉬지 않고, 일을 하셨다. 남매인 우리들 때문에 멀리 직장을 다니시진 않으셨지만, 항상 동네 근처에 있는 작은 회사들을 오가며 열심히 일하셨고, 지금도 직장에 다니신다. 허리디스크로 고생하는 어머니를 볼 때마다 나는 이제 일 그만 하고 집에서 좀 쉬라고 하지만 그때마다 어머니는 말한다.

"언제 죽을지도 모르는데, 벌써 쉬면 어떻게 하니? 요즘 직장 구하기도 어려워. 엄마 같은 사람은 한 군데 다닐 수 있을 때까진 오래 다녀야지."

지금도 일주일에 야근 2번, 토요일에도 직장에 나가는 일이 많다. 그렇게 한평생 일을 하셨고, 지금도 열심히 살고 계시지만, 부모님 형편도 예전에 비해 크게 나아지진 않았다.

빌딩 청소부에서 자기계발의 거장으로 성공한 앤서니 라빈스, 그의 이야기를 살펴보자. 그는 1,000만 부 이상 팔린 베스트셀러 『거인의 힘 무한 능력』, 『네 안에 잠든 거인을 깨워라』의 저자이기도 하다.

그는 불과 십여 년 전만 해도 빌딩 청소부로 일하던 뚱뚱하고 못난 인물이었다. 고층 빌딩에서 매일같이 걸레질을 하던 그는 어느 날 '지금보다 나은 삶을 사는 방법이 없을까?'라는 생각을 하게 되었다. 그리고 그는 자신이 왜 지금과 같은 생활에서 벗어날 수 없는지 생각해 보았다. 그러자 그는 쉽게 '꿈이 없는 것'과 '부정적인 생각들'이 그 원인이라는 것을 알게 되었다. 본인에게 원인이 있다는 것을 깨달은 그는 먼저 자신의 꿈을 구체적이고 상세하게 설정하였다. 그리고 그는 누구보다 열심히 노력했다. 그렇게 노력한 결과, 1,000달러가 넘는 비용을 감수하고서라도 사람들이 '앤서니 라빈스의 세미나'에 참석하려고 할 정도로 대단한 인물이 되었다.

그는 1997년 국제상공회의소가 뽑은 '세계에서 가장 뛰어난 인물'에 선정되어 이 시대에 가장 영향력 있는 사람으로 평가받기도 하고 '최상의 성과를 컨설턴트' 하는 미국 최고의 동기부여가로 손꼽히는 유명한 인사가 되었다. 그뿐이 아니다. 『포춘』지 선정 500대 기업 CEO들과 미국의 정치인, 정상급 연예인, 프로 운동선수들, 심지어 각국의 대통령들까지 찾는 강력한 조언자이자 상담자가 되었다.

앤서니 라빈스, 그가 만약 자기 삶에 만족하여 그대로 살았다면, 지금의 '자기 계발의 대가'로 자리할 수 있었을까?

현재 생활에 만족하고 안주하며 사는 이들이 얼마나 될까? 얼마 되지 않는다. 그럼에도 대개는 앤서니 라빈스처럼 자신의 운명을 바꿀 만한 꿈을 꾸지 않는다.

나는 앞으로 어떤 삶을 살 것인가 생각해 보았는가? 없다면 지금이라도 생각해 보자. 살아온 나의 삶을 되짚어 보고, 미래를 설정을 해 보자. 꿈이 없다면, 내 꿈을 정해 어느 방향으로 갈 것인지 정확한 목표지점을 만들자. 5년 전과 같은 오늘. 그리고 5년 후에도 지금처럼 살 것인가. 그게 싫다면 지금 이대로 직진은 아니다. 무조건 앞으로 갈게 아니라, 아니다 싶으면 잠깐 멈추어 방향을 틀어도 좋다. 무조건 달린다고 능사가 아니다. 방향이 틀려 배가 산으로 가는데, 그래도 계속 달릴 것인가.

'내 꿈을 이룬 5년 후, 10년 후 나의 모습을 상상하라. 꿈이 아닌 현실이 될 수 있다.'

지금 시작하면 된다. 꿈은 그냥 꾸기만 한다면 망상에 지나치지 않는다. 어떻게 해야 그 꿈에 도달 할 수 있는지 상세하게 계획을 세워라. 구체적일수록 좋다. 쉽게 눈에 띄는 곳에 붙여 두자. 책상 앞, 거울 앞, 노트 어느 곳이라도 좋다. 쉽게 볼 수 있는 곳이라면 말이다. 그리고 죽지 않을 만큼 누구보다 치열하게 노력해야 한다. 꿈만 꾼다고 모든 것이 이뤄진다면 얼마나 좋겠는가. 노력하지 않는 자 얻는 것도 없다.

등산할 때 한 걸음 한 걸음 내 딛어야 정상에 오를 수 있듯이 너무 먼 곳만 볼 필요도 없다. 정상을 가기 위한 지금 당장 한 걸음이 필요한 것이다.

영국의 유명한 설교가, 조셉 파커 그가 설교 중에 이런 말을 한 적이 있다.

"독수리는 참새 둥지에 안주하지 않는다."

우리는 독수리임에도 불구하고 지금 참새둥지에 앉아 있는 지도 모른다.

지금 입고 있는 옷이 내 옷이 맞는지, 다시 한 번 살펴볼 필요가 있다. 늦었다. 급하다 생각하지 말자. 다시 고쳐 입으면 되고, 내 자리를 찾으면 된다.

"미래는 현재 우리가 무엇을 하는가에 달려 있다."

― 마하트마 간디

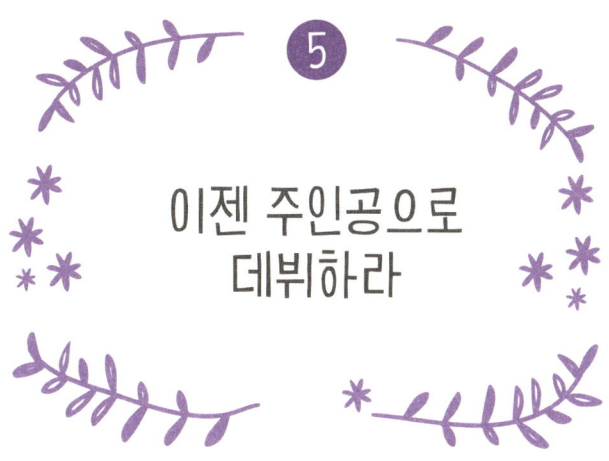

이젠 주인공으로 데뷔하라

"인생은 우리의 생각이 만들어내는 것이다."
— 마르쿠스 아우렐리우스(로마 16대 황제)

지금 당신은 어떠한 인생을 살고 있는가.

우리는 다르게 사는 듯하면서, 비슷하게 살아가고 있고, 비슷하게 사는 듯하면서, 서로 다른 삶을 살고 있다. 똑같은 삶을 사는 이는 한 명도 없다. 저 마다 스토리가 모두 다르다.

하지만, 여자들은 삶은 다르게 살면서도 대체로 비슷하게 살아가고 있다. 결혼 전 여자들은 나름대로 자신의 인생을 산다. 그때가지만 해도, 결혼 후 달라지는 자신의 삶에 대해선 크게 생각하지도, 느끼지도 못한다. 결혼 전엔 내가 내 인생을 뭐든지 주도할 수 있었지만, 결혼 후에는 내 뜻대로 할 수 있는 건 하나도 없다. 누구의 아내, 누구의 엄마, 누구의 며느리, 누구의 딸 역할에 눈코 뜰 새 없이 바쁘게, 조연의 역할에 충실해진다.

　아이들이 한참 큰 후에 자신을 돌아보면, 방황하는 엄마들이 적지 않다. 너무 많이 남는 시간에 뭘 해야 할지 모른다. 집에 있는 사람, 집을 지키는 사람은 '엄마'라는 '나' 밖에 없다. 남편은 직장 때문에 늦게 들어오고, 아이들도 각자 학교, 학원 등 개인 시간을 보내고 모두 저녁에나 들어온다. 그때는 어떻게 할 것인가. 하루 종일 집에서 아이들과 남편만 기다릴 것인가? 그제야 무슨 일이라도 하려해도 뭐부터 어떤 일을 해야 할지 모른다. 너무 긴 시간 동안 '나'라는 사람을 버리고 살아왔기 때문이다. 어떤 것이 정답이라 말할 순 없다.

　"아이 잘 키우는 게 돈 버는 거야. 집에서 애나 잘 키워~"

　그렇다. 나도 공감한다. 내 말은 나가서 무조건 일을 하라는 게 아니다. 집에 있어도 직장을 다녀도, 타인을 위해 나를 너무 버리고 살지 말라는 것이다. 아무리 가족이라도 마찬가지다. 엄마가 모든 일을 나서서 해 주고 나면, 정작 나의 시간이 없어진다. 자기 일들은 자신들이 할 수 있게 내버려 두고, 나는 그 시간에 나를 위한 시간을 쓰면 된다.

　우리나라 펜싱 선수가 빛을 보게 된 지는 얼마 안 된다. 그 선두에 한국 여자 펜싱 최초 올림픽 메달리스트 남현희 선수가 있다. 2004년부터 4회 연속 올림픽 출전은 한국 펜싱 사상 처음이다. 결국 2008년

베이징 올림픽 은메달, 2012년 런던 올림픽에선 동메달. 개인전에서 한국 펜싱 최초로 올림픽 메달리스트가 되었다.

　13살부터 펜싱을 시작하여 22년 동안 검을 잡은 그녀는 남들보다 작은 키라는 단점 때문에 더 빨리, 많이 움직여야 했다. 결혼과 출산 후 그녀의 체력은 예전만 같지 않았지만 경기를 푸는 요령이 생긴 노장 선수가 되었다.

　그녀 나이 35세. 무릎 통증으로 평상시에도 지장이 있을 정도인 그녀는 병원 대신 다시 펜싱 검을 잡았고, 2013년 결혼 후 그녀는 한국에서 열리는 아시안게임에 출전하기 위해 출산한지 4개월 만에 다시 검을 잡고 하루에 8~9시간을 훈련을 하는 노력을 기울였다. 육아와 운동을 병행하기 쉽지 않았을 텐데, 그녀는 다시 한 번 해냈다.

　'2014년 인천 아시안게임'에서 개인전 동메달, 단체전 금메달.

　2016년 3월 '국제펜싱연맹' 플뢰레 그랑프리에서 동메달을 따서 2016년 리우 올림픽 출전권을 따냈다. 비록 리우올림픽에서 메달을 따지는 못했지만, 그녀의 마지막 올림픽 도전에 많은 국민들이 박수를 보냈다.

　'엄마'가 꿈을 꾸고 도전하려면 그것이 무엇이든 간에 육아와 병행해야 하는 게 어쩔 수 없는 현실이다. 이를 피할 순 없다. 피할 수 없으면 즐겨라. 길지 않은 인생, 후회와 한탄으로 보내는 삶보다 즐기는 삶이 더 좋지 아니한가.

　진나라에 좌사라는 시인이 있었다. 그는 글재주는 뛰어났을지 모르지만, 외모는 못생기고, 말까지 심하게 더듬었다. 그는 고향에서 당시 도읍인 낙양으로 이사한 뒤 10년 동안 혼자 방에 틀어박혀 「삼도부三都賦」라는 시를 완성했다. 그 후 그의 작품을 알아보는 이가 점차 늘어났으며, 그 당시 베스트셀러가 되었다. 많은 사람들이 그의 작품을 찾았고, 낙양에서는 없어서 못 파는 책이 되었다. 그의 책을 찾는 사람들로 인해 낙양의 종이 값이 올랐다는 유래에서 시작된 고사성어가 바로 낙양지귀洛陽紙貴다.

낙양지귀洛陽紙貴를 사전에서 찾아보면, '낙양의 종이가 귀해졌다는 뜻으로 문장이나 저서가 호평을 받아 잘 팔림을 이르는 말'이라고 나온다.

좌사는 자신의 외모에 연연하지 않고, 자신의 재주를 믿고, 글을 썼다. 그것도 자그마치 10년이다. 10년이면 강산도 변하는데, 그 긴 시간 동안 자기와 싸움에서 이겨 대작을 낼 수 있었던 것이다. 어떤 일이든 쉽게 얻어지는 일은 없다. 좌사의 성공 또한 그 오랜 노력 끝에 이뤄낸 결과이다.

남현희 선수는 아이를 키우면서도 지금도 하루에 8~9시간을 검을 든다.
좌사는 10년 동안 한 작품을 위해 글에 몰두했다.

산의 정상을 오르는 길은 수많은 길과 방법이 있다. 등산로를 단숨에 오르는 이가 있을 테고, 케이블카를 타고 쉬이 오르는 이도 분명 있을 것이다. 어떤 방법이 정답이라 할 수는 없다. 하지만 매사 쉬운 길만 선택한다면, 조금만 복잡한 길을 만나면 지레 먼저 포기하는 경우가 많다. 급하면 뭐든 탈이 나기 마련이다.

　책을 준비할 당시 나는 직장에서 일을 하고 있었기에 글을 쓸 수 있는 시간이 많지 않았다. 퇴근하고 집에 와서라도 글에 몰두하면 얼마나 좋을까. 엄마라는 나의 위치에 제2의 직장인 집에서 또 다른 나의 업무가 시작되는 것이다. 집에 오자마자 손부터 닦고, 저녁준비를 하고, 부랴부랴 아이들부터 저녁을 먹인다. 저녁준비를 하면서 큰아이 숙제며, 공부까지 봐줘야 한다. 그렇게 밥이 입으로 들어가는지 코로 들어가는지 정신없이 식사를 하고 설거지까지 끝내야 1차 업무가 끝난다. 2차 업무는 청소와 아이들 씻기기이다. 너무 피곤한 날은 청소는 엄두도 못 내고, 겨우 씻고, 자리에 눕는다. 몸이 부서 질것만 같을 때도 있다.

　아이들이 모두 잠든 후에야 드디어 나의 글쓰기 시간이 주어진다. 하지만 이도 쉽지가 않다. 일에 지쳐 피곤한 몸으로 글을 쓰자니 잠까지 몰려와 이만 저만 어려운 게 아니다.

　그렇게 나는 조금씩 전진할 수밖에 없었다. 글을 쓰다가 잠들기도 하고, 자다가 일어나서 비몽사몽에 쓰기도 했다. 그러면서도 글 쓰는 걸 손에서 놓진 않았다. 시간이 없다고, 징징거리기보다. 조금씩 천천히 가는 방법을 나는 택했다.

솔로몬의 명언도 있지 않은가.

"이 또한 지나가리라."

지금이 가장 힘든 것 같지만, 생각해 보면, 시련이라 생각했던 순간들도 그 또한 지나간다.

내가 원치 않게 어쩔 수 없이 '부모'라는 이름 아래, '아내'라는 이름 아래 살아왔다면, 이젠 내 이름을 찾아라. 원더우먼이 아니다. 모든 걸 혼자 책임질 수는 없는 노릇이다. 힘들면 힘들다 말할 수 있는 사람이 되라. 무리하면서까지 모든 걸 하려고 하지 말자. 그래봤자, 나만 고될 뿐이다. 방법은 많다. 한 가지 방법이 안 통하면, 다른 대안은 또 있기 마련이다.

당신은 당신의 꿈을 위해 얼마의 시간을 투자했는가? 아니 얼마의 시간을 준비하고 있는가?

지금까지 누구보다 열심히 살아온 당신 여자들이여~ 누군가의 삶을 보조해 주는 조연의 역할에서 벗어나서, 이젠 나 자신의 무대를 차지하고 즐겨라.

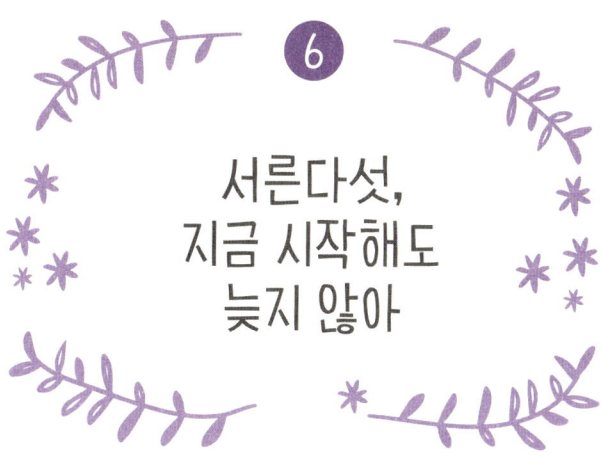

6
서른다섯, 지금 시작해도 늦지 않아

"어떠한 일이든 전력을 다한다면, 못 이룰 것이 없다(凡事專治則無不成)."
— 『세종실록』

매년 새해가 될 때마다. '한 살 더 먹는구나'라는 생각에 한 번씩 나를 돌아보게 된다. 멈출 수 없는 게 시간이라고, 시간이 흐르는 것을 막을 순 없다. 미래는 어떻게 될지 모르지만, 너도 나도 한 살씩 먹으니 공평한 게 아닌가?

10대 청소년 때는 왜 그리 한 살 더 먹고 싶었는지 모르겠다. 지금은 한 살이라도 더 빼고 싶은 심정이다. 올해에는 새로운 다짐을, 혹은 작년에 하지 못한 다짐을 다시 세워보려 한다. 그 다짐이 하루나, 아니면 사흘이 갈지언정, 새로운 다짐으로 나를 되돌아본다. 이미 지나온 과거는 후회해 봤자 돌이킬 수 없다.

오늘보다 나은 내일을 맞이하면 되고, 그렇게 하루하루 더 나은 내가 되도록 노력하면 된다.

"후회가 꿈을 대신하는 순간부터 우리는 늙기 시작한다."

미국의 지미 카터 대통령이 남긴 말이다. 나이를 한 살 먹을 때마다 내 꿈에 대해 위축되고, 점점 자신감이 떨어지는 건 아닌가. 그 순간 나의 꿈자리에 후회가 차지하게 되는 것이다. 어차피 하는 후회라면, 해 보고 후회하는 게 낫지 않은가.

어떤 책에서 읽은 적이 있는 한 노인이 임종을 앞둔 순간의 이야기가 생각난다.

한 노인이 죽음을 앞둔 임종의 순간이었다. 그의 오랜 친구들이 찾아왔다. 노인이 그 친구에게 물었다.

"같이 온 저 양반들은 누군가?"

"자네가 발견하지 못한, 자네의 숨은 재능들이라네."

"우린 자네와 죽음을 같이 맞이하려 왔지 않은가."

그렇다. 임종의 순간, 노인의 숨은 재능들이 죽음을 같이 맞이하러 온 것이다. 한 번도 제대로 재능을 써보지도 못한 채 말이다. 죽음 앞에서 그 노인은 그동안 자신의 숨은 재능을 찾지 못한 것에 대한 후회가 밀려왔다.

'이렇게 죽는 순간 후회할 줄 알았더라면, 그 동안 숨은 재능을 찾기 위해 도전이라도 많이 해볼 걸.'

무언가를 도전할 때, 해야 하는지, 말아야 하는지 고민될 때 나도 많이 사용하는 방법이 바로 '죽음'이다. '내가 이걸 안 해도 죽을 때 후회하지 않을까?' 하고 후회할 것 같은 생각이 들면, 바로 생각을 바꾼다. 그럼 어떻게 해야 이걸 내가 할 수 있는지, 할 수 있는 대안을 여러 가지 생각하다보면, 신기하게도 할 수 있게 되는 경우가 많다. 안 되는 건 없다. 고생을 좀 할 수는 있어도. 노력하면 다 할 수 있다. 서툴 순 있다. 하지만 누가 처음 도전부터 잘 하리라 기대하는가.

인생을 군 계급에 한 번 비유해 보자.

20대는 아직 뭘 모르는 이름만 군인, 이등병이다.

30~40대는 일을 가장 많이 하는 일개미, 일등병이다.

50~60대는 노후를 준비하는 상등병이고,

70~80대는 인생은 이제 시작이다. 제2의 삶을 준비하는 병장이다.

90~100대는 한 발짝 물러선, 하지만 마음만은 항상 이등병인 예비군이다.

이등병 시절엔 내가 병장이 되는 순간이 까마득해 보이지만, 그래도 그 시간은 온다. 병장이 되면, 어떠한가. 그동안의 군 생활의 추억이 밀물처럼 몰려오기도 하고, 사회에 나가 제2의 삶을 살아야 하는 걱정도 크다.

'세월 앞에 장사 없다.'

우리는 다 같이 늙어가는 처지가 되었다. 후회가 쌓이면 자괴감만 늘어나 정말 아무것도 못하는 신세가 된다. 하는 일마다 자신감이 없어, 아무것도 못할 것이다. 그렇게 생각하면 정말 아무것도 못하는 사람이 된다. 다 늙어서 '허송세월 뭐 하고 살아왔나' 후회하지 말고, 지금 시작하자. 작은 것부터 도전해서, 자신감부터 찾아라. 당신이 30, 40대라면, 아직 충분하다. 절반도 더 남은 인생, 뭘 시작해도 좋은 나이란 이야기다.

늙었다고 뭔가를 배우지 말란 법은 없다. 배움에는 끝이 없다. 새로운 시대에 맞춰 계속 배워야만 한다. 스승이라면 나이가 많건, 적건, 고개를 숙이고 배울 필요가 있다. 스승에는 나이의 편견이 없어야 하고, 배움에도 나이가 정해진 건 없다.

『나는 태도로 운명을 움직인다』의 저자 김태웅 씨는 어린 시절 신문 배달, 아이스크림 판매, 구두닦이, 껌팔이까지 갖은 고생을 다했다. 어이없는 사건에 연루되어 고등학교까지 중퇴하게 되었다. 성공한 출판사 대표가 된 그는 48세 나이에 고등학교 3학년으로 30년 만에 다시 되돌아갔다. 아들뻘 되는 아이들 속에서 독하게 공부한 그는 전교 1등자리에 이어 성균관대학에 입학하였다. 그때의 그의 심정을 자신의 저서에서 이렇게 표현했다.

"아들보다 어린 아이들과 같은 반에서 공부하겠다는 결심. 이 결심을 실행에 옮기는 데 가장 중요한 것은 마음으로부터 용기를 내는 것이었다. 이미 녹슬 대로 녹슨 머리로 아무리 열심히 단어와 공식을 외워도 다음 날이면 밤새 누군가가 깨끗이 지우개질을 해 놓은 것처럼 머릿속이 하얘질 때마다 '과연 할 수 있을까'하고 좌절하던 내가 어떻게 그런 용기를 낼 수 있었을까? 지금 생각해 보면 정말 간절히 원하는 게 있었기 때문에 가능했던 것 같다. 원하는 게 있다고 마음으로부터 바라고만 있으면 절대 이루어지지 않는다. 성패의 여부는 '용기를 내느냐 내지 않느냐'이다. 내 머릴 한탄한 적이 한두 번이 아니었지만 그래도 반드시 대학에 들어가고 싶다는 소망, 어쩌면 이것이 내 생애 마지막 기회일지 모른다는 절박한 희망이 있었기에 나는 마음으로부터 용기를 낼 수 있었던 게 아니었을까?"

― 『나는 태도로 운명을 움직인다.』 김태웅 저, 동양북스, 2014 161쪽

아들 뻘 되는 아이들과 공부하는 게 쉬운 일은 아니다. 남의 일이니까 그냥 이래저래 얘기할 수 있는 거다. 머리는 굳을 때로 굳었고, 기억도 가물가물한 것을 다시 꺼내서 공부하기란 쉽지 않다. 뒤늦게나마 다시 고등학교를 졸업하고 입학에 대학입학까지 이뤄낸 그의 용기가 실로 대단하다.

늦은 나이에 재기를 하고, 성공한 이들은 부지기수다. 그들을 모두 열거할 순 없지만, 두려움을 벗어버리면, 우리는 뭐든 할 수 있다.

박완서 씨는 주부로 다섯 명의 아이를 키우면서, 40세에 소설『나목』으로 문단에 등단했다.

이주일 씨는 41세 나이에 코미디계에 혜성처럼 우리 곁에 등장했다.

복서 조지 포먼은 세계챔피언 자리를 내주고, 20년 만에 헤비급 세

계챔피언 벨트를 되찾았다. 그때 그의 나이 45세였다.

커넬 샌더스는 1009번의 거절 끝에 62세에 KFC를 창업하였다.

쿠바의 전설적인 뮤지션 '부에나 비스타 쇼셜 클럽 밴드'는 첫 앨범을 낼 당시 밴드의 평균 연령이 80살이었다.

늦게 시작해서 할 수 없는 건 없다. 누가 뭐라 해도 내가 좋으면 그만이다. 고생을 해도 내가 하고, 힘이 들어도 내가 힘든 것이다. 남이 대신 내 인생을 살아주지 않는다. 내가 좋아하는 것은 힘들어도 이겨낼 힘이 있는 것이다.

지금 당신은 어떠한가.

지금 두근대는 무언가를 시작하려 한다면, 절박하지 않더라도 한번은 나를 '절박한 상황에 있다.' 생각하자. 사람은 절박한 순간 많은 걸 해낼 수 있다. '이거 아니면, 나는 갈 데가 없다', '더 이상 물러설 곳이 없다' 생각하고 뛰어들어라. 사람은 내가 '이거 아니라도 할 게 있어', '여기 아니더라도 난 갈 데가 있다' 생각이 들면, 현재 일에 최선을 다하지 않는다. 더 이상 빠져나갈 구멍도 없다. 지금 나에겐 이 길 밖에 없다 생각하라. 벼랑 끝에 서 있는 당신을 상상하라.

더 이상 물러설 곳은 없다. 이젠 앞으로만 나아가는 당신이 되길 바란다.

할 일이 생각나거든 지금 하십시오.

오늘 하늘은 맑지만 내일은 구름이 보일지 모릅니다.

어제는 이미 당신의 것이 아니니 지금 하십시오.

― 〈지금 하십시오.〉 로버트 해리